바이칼호

셀렝게강

오논강

케룰렌강

울란바투르

몽골공화국

내몽골자치구

포두 ● 후흐호트 ● 북경 ● 서울

황해

영하회족자치구
섬서성

은천 ●
서녕 ● 난주 ● 회하

서안 ● 남경 ●
상해 ●

양자강

복주 ●

KB046428

황하에서 천산까지

황하에서 천산까지

김호동 역사 에세이

사□□계절

책 머리에

아시아 대륙의 심장부인 티베트 고원에서 발원하여 마치 한 마리의 거대한 용처럼 굽이치며 흐르다가 바다로 흘러 들어가는 황하! 그것은 중국의 황토문화를 일으킨 원동력인 동시에 중화제국의 상징이기도 하다. 그러나 그 시뻘건 탁류가 거쳐 가는 연도에서 역시 그 물을 마시며 살아온 다른 여러 민족들에게 그 강이 상징하는 중국은 벗어버리기 힘든 무거운 질곡이기도 했다. 이 민족들은 비록 거친 역사의 격랑을 헤쳐 오면서 말로 표현하기 힘들 정도로 깊은 고난의 상처를 안게 되었지만, 그래도 그들의 가슴에는 아직도 황하에 씻겨 나가지 않은 기억, 또 씻겨 나가지 않을 꿈이 남아 있다. 그것은 마치 천산산맥의 정상에 영원히 녹지 않고 남아 있는 만년설처럼 희고 고운 민족의 숨결이기도 하다.

이 책에서 나는 황하, 아니 그것이 표상하는 중국이라는 거대한 세계와 싸우며 또 거기서 벗어나려고 몸부림쳤던 여러 민족들, 특히 그동안 내가 관심을 갖고 눈여겨보아 왔던 티베트족, 회족, 몽골족, 위구르족 등의 이야기들을 들려 주고자 한다. 그러나 이 책은 그들의 역사를 설명하는 것도 아니요 그들의 풍습을 소개하는 것도 아니다. 내가 이 글을 쓴 목적은 이 민족들이 걸어온 역사의 페이지에 배어들어 있는 고통과 소망을 독자들이 알고 또 공감토록 하는 데 있다.

지난 1990년 처음으로 중국 땅에 발을 디딘 후 나는 이 민족들이 사는 내륙 지방을 여러 차례 여행할 기회가 있었다. 물론 중요한 문화유적지를 답사하기도 했지만 내게 가장 깊은 인상을 남긴 것은 이 시대를 살아가고 있는 그들의 모습이었다. 옛날 초원에서 말을 달리며 세상을 호령하던 기상은 간 데 없이 길가에 쭈그리고 앉아 담배를 피우고 있는 몽골 청년들. 흰 모자를 쓴 채 날리는 파리를 쫓으며 어두컴컴한 식당에서 손님이 오기를 기다리고 있는 회족 아주머니. 한 번도 빨지 않은 듯한 옷을 여러 겹 껴입고 때가 덕지로 앉은 발을 내놓은 채 절을 하는 티베트 여인. 노새가 끄는 수레 위에 손자와 며느리를 태우고 양 한 마리를 팔려고 장터로 가는 위구르 노인. 이러한 모습들은 지금도 나의 뇌리에서 떠나지 않는다.

그래서 지난 여름 황하를 따라 청해고원을 거쳐 티베트까지 다녀온 뒤 나는 그 동안 내가 보고 느낀 것에 대해 글을 남겨야겠다는 마음을 먹게 되었다. 처음에는 기행문 같은 것을 생각해 보기도 했지만 곧 그 생각을 포기하고 말았다. 왜냐하면 나라는 한 개인이 그들을 보며 느낀 것이 남에게 큰 소리로 떠들 정도로 그리 대단한 것도 아니려니와, 무엇보다도 나 자신을 '관찰자'의 입장에 세우는 것이 싫었기 때문이다. 그래서 나는 그들 스스로 말하는 쪽이 더 낫겠다는 생각을 했다. 다시 말해 그들의 역사로 하여금 말하게 하고 싶었다.

그러나 통상적 의미에서 네 소수민족들의 역사를 쓰는 것은 나의 집필 목적에 맞지 않아 보였다. 나와 같은 역사학자들이 쓰는 학술적인 글에는 마치 과학자가 사물을 관찰하고 분석하여 결론을 내듯 필자 자신의 감정이 극단적으로 배제되어 있을 뿐만 아니라 많은 자료와 연구들이 동원되어 있어 소수의 전문가를 빼놓고는 읽어 내려가는 것조차 어려운 것이 사실이다. 나는 이 글에서는 학술적 장치들은 벗겨 놓고 대신 나 자신의 느낌을 드러내고 싶었다. 그러지 않으면 그 동안 내가 직접 보면서 깊이 공감한 그들의 모습을 보다 많은 사람들에게 친밀하고 생생하게 그려 주지 못할 것 같았다. 그래서 나는 '역사 에세이'라는 형식을 빌려 이 글을 꾸며 보기로 한 것이다.

　이 지구상에 나름대로의 애환을 갖지 않은 민족은 아마 없을 것이다. 어느 민족이나 그들이 지나온 역사는 눈물과 기쁨으로 얼룩져 있다. 조그만 땅덩어리에서 말로 다 할 수 없는 고난을 겪으면서도 서로 부둥켜안고 지금까지 견디어 온 우리 민족도 예외일 수는 없다. 그러나 우리는 때로 외세의 침략을 받아 이민족의 지배를 받기는 했어도 어엿한 나라를 갖고 있기 때문에 그것조차 갖지 못한 민족들에 비하면 행복한 편이다. 이 세상에는 자기 나라를 갖지 못하고 더 힘센 민족과 함께 살아가야 하는 '더부살이 민족'들이 수도 없이 많다. 우리는 그들을 '소수민족'이라는 이름으로 부른다.

　나는 중앙아시아에 있는 여러 민족들의 역사를 공부하면서 지배자의 입장에 있던 러시아나 중국측의 기록이 아니라 그들 자신의 손으로 씌어진 글들을 볼 수 있었기 때문에, 지배자의 입장뿐만 아니라 지배를 받는 사람의 입장에서도 현상을 보는 것이 얼마나 중요한가를 절감했다. 그러나 지금 우리가 접할 수 있는 '소수민족'의 역사는 '다수민족'에 의해 씌어진 것들뿐이다. 따라서 우리는 한족(漢族)의 눈을 통해서 그들을 볼 수밖에 없으며, 그것을 통해 그들에 대해 잘 알게 된 것처럼 착각하는 것이다. 우리는 외국인들이 일본 사람들에 의해 왜곡된 한국의 모습을 의심 없는 사실로 받아들이는 것에 대해 얼마나 분개하는가. 그러면서도 우리는 다른 약소민족들의 처지에 대해서는 곧잘 눈을 감아 버린다.

1982년 인구조사에 의하면 중국 전체의 인구는 대략 10억. 그 중에서 55개 소수민족의 인구는 6700만 명 정도로 전체의 6.7%이다. 소수민족 가운데 규모가 큰 집단은 1000만 명이 넘기도 하지만, 1500명도 채 안 되는 작은 민족도 있다. 그러나 이 소수민족들, 특히 이 글에서 다루고 있는 네 개의 민족들이 '자치구'(自治區)를 이루며 사는 지역 ―내몽고(內蒙古), 영하(寧夏), 서장(西藏), 신강(新疆) ― 은 전 국토의 1/3에 이른다. 만약 여기에 다수의 티베트족과 회족이 거주하는 감숙성과 청해성을 넣는다면 거의 1/2에 육박할 것이다.

이렇게 볼 때 이들 중요한 소수민족들이 독립해서 국가를 이루는 것에 대해 중국 정부가 어떻게 생각할지는 불문가지이다. 중국은 그들이 독립하지 않고 중국이라는 국가체제 안에 머물러 있도록 회유와 강압이라는 두 가지 방법을 모두 사용해 왔다. 그들에게 '자치'를 허용하여 명목적일지는 몰라도 소수민족의 대표자를 자치지구의 최고직에 임명하고, 고유의 언어와 문자를 사용하도록 장려한다. 또한 한족과 다른 소수민족들은 역사적으로 오랜 접촉과 관계를 유지하면서 하나의 민족, 즉 '중화민족'이라는 것을 형성하게 되었다고 주장하기도 한다. 짧은 역사를 지닌 미국과 비유하는 것이 적절치는 못하지만, 어쨌든 그곳에 사는 여러 민족들이 '미국민족'을 형성하게 되었다는 것과 마찬가지로 어색한 논리다. '중화민족'이라는 개념은 중국 민족문제의 심각성과 어려움을 반영한다.

그러나 소수민족들이 이러한 회유책을 고맙게만 생각하고 받아들이는 것은 아니다. 우리가 가끔 뉴스를 통해 위구르인들이나 티베트인들의 '폭동'과 '진압'에 관한 소식을 듣듯이 정치적으로 불만을 갖고 있는 사람들도 실은 적지 않다. 나 자신도 위구르인들의 시위를 진압하기 위해 출동한 군인들이 쏜 최루탄을 마시고 눈물을 흘린 적이 있다. 요즘 사람들이 애용하는 인터넷에서 '몽골', '위구르', '티베트' 항목을 검색해 보면 누구나 자세한 소식을 알 수 있을 것이다.

나는 이 글에서 중국의 민족문제를 들추어 내어 어느 쪽이 옳고 그른가를 따지려는 것은 아니다. 어차피 1000년 혹은 2000년이라는 긴 역사를 통해 복잡하게 얽혀진 문제일 뿐 아니라 입장에 따라 해석이 달라질 수 있는 부분이 많을 수밖에 없다.

이 글은 제목이 말해 주듯 황하를 따라 천산에 이르는 지역에 걸쳐 살고 있는 네 개의 민족을 대상으로 삼고 있다. 1장에서는 달라이 라마들이 겪은 영욕의 역사를 통해 티베트 민족의 고난에 찬 과거를 그려 보았고, 2장에서는 한 신비주의 교단이 몇 세대에 걸쳐 순교의 피를 흘림으로써 중국이라는 거대한 힘 앞에서 자신들의 세계를 지키기 위해 몸부림쳤던 회족들의 세계를 보여 주려고 했다. 3장에서는 말을 탄 정복자의 자리에서 내려와 서서히 쇠락해 간 몽골인들의 역사가 어떻게 민족의 분단이라는 비극적인 결과에까지 이르게 되었는가를 묘사했고, 4장에서는 이슬람을 신봉하는 위구르 민족이 중국에 정복, 편입된 뒤 독립을 위해 펼친 지난한 노력들이 모두 실패로 돌아가게 된 과정을 성자들의 무덤을 화두로 삼아 살펴보았다.

마치 대롱을 통해 세상을 보듯 이 네 편의 주제들은 그들이 겪어 온 모든 것을 이야기해 주지는 못할 것이다. 그러나 그들의 역사에 남은 그늘진 흔적들을 더듬으면서 과연 그들이 소중하게 지켜 온 것들, 혹은 아픔 속에서 체험한 절실한 사연들을 이해하는 데 도움이 되었으면 하는 바람이다.

우리가 어떤 사람의 진정한 아픔을 모르고 과연 그를 이해한다고 말할 수 있을까. 나는 이 소수민족들이 사는 지역을 다니면서 그들의 조상이 남긴 화려한 문화적 유산보다는, 고통스럽지만 소중한 그들의 역사와 오늘 이 시대를 사는 그들의 소망을 더 알고 싶었다. 또 내가 그들의 역사를 공부하며 배운 것들을 거리에서 만난 그들의 눈과 몸짓에서 찾고 싶었다.

우리는 곧잘 강한 자와 강한 민족의 역사에 매료된다. 위인과 영웅의 생애를 즐겨 읽는 것은 어쩌면 우리 내면에 '권력에의 의지'가 꿈틀거리기 때문일지도 모른다. 그렇기에 세계제국을 건설하고 지배했던 파라오나 시저 혹은 칭기스칸을 읽고 싶어한다. 그러나 진정한 강자는 약자의 아픔을 이해하고 어루만져 줄 수 있는 사람일 것이다. 나는 이 글에서 약하고 짓눌려 온 민족들의 비가를 들려 주고 그들이 소중하게 간직하려 했던 신앙의 자취를 보여 주고 싶었다. 그것을 듣고 공감할 수 있을 때 우리는 단지 오늘날의 중국을 더 깊이 이해한다는 차원을 넘어, 우리 민족이 지나온 길을 되돌아보며 이 시대에 존재하는 수많은 약자들을 외면하지 않는 참된 마음의 넓이를 가질 수 있지 않을까.

1장
라싸로
가는 길

1898년에 태어나 1930~1940년대 중국에서 활동했던 조선족 작가 한락연(韓樂然).
그는 티베트족, 위구르족, 몽골족 등 자신과 같은 처지의 중국내 소수민족들이
살아가는 진솔한 모습을 담은 그림들을 많이 남겼다. 1947년, 신강의 우룸치를
떠나 난주로 향하던 비행기가 추락하는 바람에 돌연 죽음을 맞았다.

한락연의 1945년 작(作), 「장족 사람들」(向着光明前進的藏民).
티베트족(장족) 가족이 빛을 향해 나가는 장면을 담고 있다.

티베트의 영혼

아직도 미명에 싸여 있는 성도(成都) 공항을 이륙한 비행기는
쏟아지는 빗줄기를 뚫고 상공을 향해 솟구쳤다.
성도는 사천(四川) 분지의 가장 끄트머리에 있고, 바로 그 서쪽으로는
고도 4000~5000m의 티베트 고원이 가파르게 솟아 있다.
갑자기 고도를 올릴 수밖에 없는 비행기의 엔진 소리도
숨차게 느껴질 지경이다.
비행기는 미친 듯 퍼붓는 비를 뒤로 하고 서쪽으로 날기 시작했다.
그 빗줄기가 그 후로도 몇 날을 퍼부어 양자강 유역이 온통 물바다가
되어 버렸다는 사실을 안 것은 며칠 뒤의 일이었다.

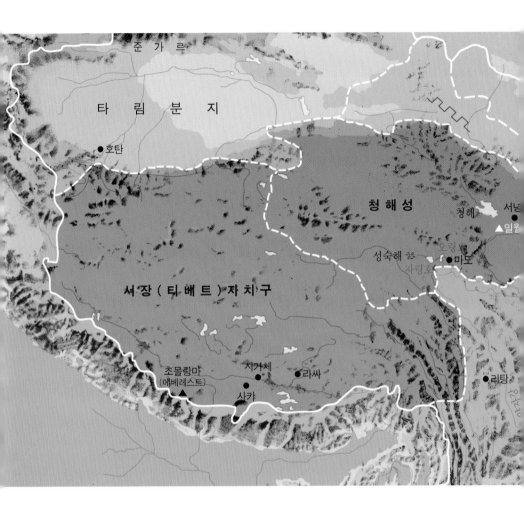

준 가 르

타 림 분 지

● 호탄

청 해 성

청해   서ㄴ
             ●
          ▲일월

성숙해 ☆   오링ㅎ
          자릉ㅎ   ● 마도

서 장 (티 베 트) 자 치 구

초몰랑먀   지거체   ● 라싸
(에베레스트)
        ▲   ●
             사캬

● 리탕

진사ㅇ

라싸 공항에서 시내로 들어가는 도중에 만나게 되는 티베트 민가의 모습

　고원에 올라선 비행기는 1만m 이상의 고도를 유지하고 있었지만 구름 사이로 삐죽삐죽 고개를 내민 설봉들은 손에 잡힐 듯 가깝게 느껴졌다. 이륙한 지 한 시간 남짓 지났을까, 비행기가 다시 구름을 헤치고 내려가니 창 밖으로는 라싸 강이 눈에 들어왔다. 여기도 비가 많이 왔는지 강물은 싯누런 흙탕이 되어 도도히 흘러가고 있었다.

　라싸 시내를 향해 달리는 차에 몸을 실은 나는 창 밖으로 스쳐가는 풍경에 젖어들었다. 큰 나무 없이 푸릇한 풀에 덮인 나지막한 산들, 산허리를 두르며 엷게 퍼져 있는 구름, 이들을 감싸안고 미끄러지듯 조용히 흐르는 강물. 눈에 비치는 사물들을 바라보는 나의 '존재'도 가벼워지는 듯했다. 아마 산소가 희박한 고지대이기 때문에 그런 느낌이

들었을지도 모른다. 차가 시내로 접어들자 아직 여기저기 고인 물웅덩이를 피해 지나가는 사람들의 모습이 눈에 들어왔다. 그들은 야크 털로 짠 두꺼운 외투를 걸치고 손에 든 '마니'를 돌리며 걷고 있었다. 마니란 원래 사원 앞에 비치된 '옴 마니 파드메 훔'이라는 불교의 진언이 적힌 커다란 원통을 가리키지만, 그것을 막대기에 매달아 회전시킬 수 있도록 한 휴대용 마니도 있다. 그들의 얼굴은 햇볕과 바람에 그을려 검었지만 길쭉한 얼굴에 콧날이 우뚝한 것이 우리와는 꽤나 다른 분위기를 풍겼다.

　시내 중심의 조캉 사원을 둘러싸고 있는 바코르 거리(일명 八角街)는 사람들로 시끌법적했다. 좁은 길가에 늘어선 가게들, 기념품을 팔기 위해 관광객을 불러 대는 소리, 끊임없이 따라붙는 거지들, 먼 지방에서 라싸를 참배하기 위해 찾아온 순례객들. 사원 입구에 있는 공터는 '오체투지'(五體投地)로 절을 하는 사람들로 꽉차 있었다. 오체투지란 온몸을 완전히 땅에 엎드리고 사지와 머리를 동시에 땅에 대는 식으로 절을 하는 것이다. 어떤 사람은 라싸를 참배하기 위해 아예 자기 고향에서부터 오체투지로 오기도 하고, 또 어떤 사람은 4km 남짓한 바코르 거리를 오체투지로 한 바퀴 도는데 몸의 길이가 아니라 폭만큼 자리를 옮기면서 참배하기도 한다. 이런 식으로 절을 하는 사람들이 손바닥과 무릎에 조그만 판자를 매달고 있는 모습을 흔히 볼 수 있다. 대학을 다닐 때 높은 스님을 만나기 위해 뭣도 모르고 삼천배(三千拜)를 했다가 손바닥과 무릎이 벗겨질 정도로 호되게 고생했던 기억이 있는 나로서는 그 같은 보호대의 필요성을 충분히 이해할 수 있었다.

　절을 하는 사람들의 얼굴은 애써 고통을 참고 있는 모습이 아니었다. 열심히 몸을 엎드렸다 폈다 하는 그들의 얼굴에서 어떤 표정을 읽어 내기란 무척 어려웠다. 가끔씩 앉아서 흘러내리는 머리카락을 쓸어 올리고 땀을 훔쳐 내면서도 주위의 시선에 아랑곳하지 않는 그들의 모

조캉 사원 2층에서 찍은 바코르 거리의 모습. 널찍한 광장 주변에는 토산품을
파는 상인들이 늘어서 있다.

습은 이상할 정도로 무표정했다. 카메라에 초점을 맞추는 나를 물끄러
미 바라보기만 할 뿐이었다.

　한쪽 모퉁이에는 두세 살쯤 되는 어린 딸을 옆에 앉혀 놓고 연신 절
을 하고 있는 어떤 아낙의 모습이 눈에 들어왔다. 몸을 쭉 뻗어 땅에
엎드릴 때는 때가 덕지되어 앉은 발뒤꿈치가 보였다. 얼굴에 콧물과
땟국이 범벅이 되어 말라붙은 아이가 칭얼거리자 아낙은 애를 달래려
고 다시 들쳐 업었다. 순간 나는 그녀의 모습에서 나 자신을 무척이나
부끄럽게 만드는 무엇인가를 보았다. 그것은 말로 표현하기 무척 힘든
것이지만, 가난함 속에 깃들여 있는 깨끗한 영혼과 같은 것이었다. 더
이상 잃어버릴 것도 없는 빈곤함 속에서 그녀가 희구하는 것은 부처님

조캉 사원 입구에서 잠든 아이를 등에 업은 채 망연한 눈빛으로 오체투지를
하는 사람들을 바라보는 티베트 여인

의 자비였을 것이다. 딸을 위해, 또 자신을 위해 부처님께 보살님께 그
저 빌고 빌 뿐이다. 그것은 거렁뱅이의 기도가 아니었다. 험한 세상에
등 떼밀려 딸을 업고 사원 문간까지 왔지만, 그녀의 눈에는 어느 누구
에 대한 원망도 혹은 비굴함도 보이지 않았다. 나는 어찌 보면 전혀 어
울리지 않는 두 세계, 즉 빈곤함과 고결함을 그녀에게서 동시에 발견
했던 것이다.

　모든 것을 잃어버리고 빼앗겼어도 없어지지 않고 빛나는 성스러움.
나는 그것이 바로 티베트의 영혼이라고 생각한다. 그것은 마치 그들이
'초몰랑마'라고 부르는 산봉우리와 같다. '성스러운 어머니'라는 뜻을
지닌 이 산은 우리에게 '에베레스트'라는 이름으로 더 익숙하다. 영국

초몰랑마(일명 에베레스트) 정상의 신령스런 모습. 가난함 속에서도 순박한
종교적 심성을 잃지 않는 티베트인의 정신을 상징하는 듯하다.

인들이 1865년에 조지 에베레스트(George Everest)라는 자기네 지리학
자의 이름을 따다가 붙인 것이다. 흰 눈을 머리에 인 채 품을 벌리고 있
는 이 산은 하루 아침에 자신의 이름을 잃어버렸다. 그러나 이름을 빼
앗은 영국인들이라도 그 영봉의 성스러움까지 빼앗을 수야 있겠는가.

선글라스에 깨끗한 옷을 차려 입고 라싸의 거리를 활보하는 관광객
들은 검게 그을린 얼굴에 밭고랑처럼 깊은 주름이 패인 티베트인들을
바라보며 기묘한 우월감을 느낄지도 모른다. 문명인의 자부심이나 정
복자의 쾌감 같은 것을 느끼면서 말이다. 마니를 돌리거나 오체투지로
절을 하는 그들의 모습조차 구경과 기념촬영의 대상일 뿐이다. 사원에
들어가면 코를 찌르는 야크 버터의 냄새에 고개를 돌리고 역겨워하면

서 이런 생각을 할지도 모른다. 만일 그들이 신의 천형(天刑)을 받고 이 곳에 유배된 것이 아니라면 어떻게 산소조차 부족한 이 척박한 땅에 빌붙어 살게 되었을까.

그러나 그들은 우리가 생각하는 것보다 훨씬 더 신의 세계와 가까운 곳에 머물러 있는지 모른다. 과거 수많은 수도자나 신비주의자들이 무엇 때문에 고행과 금욕의 길을 택했을까. 자신들을 둘러싸고 있던 안락한 집, 맛나는 음식, 따스한 옷, 이런 것들이 신에게로 다가가려는 발걸음을 잡아채기 때문이었을 것이다. 물론 티베트인들은 스스로 이 험한 곳을 선택한 것도 또 원해서 가난해진 것도 아니다. 고난과 빈곤은 그들에게 그저 운명처럼 지워진 것일 뿐이다. 그럼에도 불구하고 남을 해치고 원망하는 강퍅한 마음을 갖지 않고 영혼의 구원에 희망을 걸고 살아가는 그들의 모습은 누구보다 고귀해 보인다. 깨끗이 정장을 차려 입고 자가용을 타고 가서 헌금을 하면서 스스로 신앙의 포만감을 느끼는 내가 과연 그들 앞에 떳떳이 마주 설 수 있을까.

티베트인들이 겪어 온 역사에는 그들의 얼굴처럼 고난이 남긴 깊고 굵은 주름 속에 자부심과 경건함이 배어 있다. 이제 지나온 그들의 역사가, 또 오늘을 살아가는 그들의 모습이 들려 주는 이야기를 우리가 조용히 경청해야 할 때가 아닐까.

고향을 떠난 사람들

1959년 4월, 80명쯤 되는 사람들이 티베트 국경을 넘어 인도로 들어왔다. 그 행색은 말로 할 수 없이 초라했고, 몸도 지치고 부서져 추스르기도 힘들 정도였다. 그러나 그보다 그들의 마음을 더 짓누르는 것은 고향을 버렸다는 부끄러움과 자책감, 그리고 낯선 땅에서 겪어야

젊은 날의 달라이 라마(14대)

할 일에 대한 막막함과 불안감이었다. 이들을 이끌고 온 24세의 청년 텐진 갸초는 누구보다도 더 그러했다. 그는 바로 티베트인들의 정신적 지도자 제14대 달라이 라마였기 때문이다.

과연 이들은 무슨 이유로 고향을 떠나야만 했을까. 이로부터 꼭 10년 전인 1949년, 장개석(蔣介石)이 이끄는 중국 국민당이 대만으로 쫓겨가고 공산당이 대륙을 석권한 직후 중국은 티베트가 '중국의 일부'임을 공식적으로 선언했다. 그리고 그 다음 해에는 "제국주의의 압제로부터 300만 티베트 인민을 해방시키고 중국의 서부 변경에 대한 방위를 공고히 하기 위해 인민해방군의 진군을 지시했다"는 발표가 뒤따랐고, 실제로 2~3만 명에 달하는 군대가 라싸에 진주했다. 그들은 필요한 토지와 식량을 대량으로 요구했고, 중국측의 이러한 움직임에 대해 항의를 제기한 티베트측 각료들이 도리어 파직되는 사태까지 발생했다. 그러나 이제 17세가 되어 상황의 위중함을 분별할 나이가 된 달라이 라마는 중국측의 요구를 거절할 도리가 없었다.

한편 티베트인들의 깊은 불만을 감지한 중공측은 장차 있을지도 모를 무력충돌 사태를 예상하여 중국 본토와 라싸를 연결하는 도로를 건설하기 시작했다. 티베트의 고지대를 통과하여 신속하게 대규모 병력과 무기를 이동시키기 위해서는 그것이 무엇보다도 급선무였기 때문이다. 도로는 두 방향에서 만들어졌다. 하나는 사천성 성도에서 티베트 동부의 캄(Kham) 지방을 거쳐 라싸로 들어가는 길이고, 또 하나는 감숙성 난주에서 서녕을 거쳐 티베트 동북방을 남북으로 관통해서 라싸로 연결되는 길이었다. 그 각각이 모두 2000km가 넘는 장거리 도로였다. 이 공사를 위해 중국 내지에서는 다수의 죄수들이 동원되었고 티베트인들도 2만 명 이상이 차출되었다. 아울러 라싸 근처에 비행장도 서둘러 지었다.

이제 티베트에 대한 실질적 장악력을 확보한 중공측은 1954년 티베트가 독립된 존재가 아니라 중국 내 소수민족 지구에 불과하다는 점을 분명히 하기 위해 달라이 라마를 북경에서 열린 전인대회(全人大會)에 초대했다. 달라이 라마는 모택동(毛澤東)·주덕(朱德)·주은래(周恩來)와 만났고, 소련의 후루시초프나 인도의 네루와도 만났지만 자유롭게 자신의 의사를 표시할 기회는 주어지지 않았다. 왜냐하면 중공측이 그를 한 국가와 민족의 지도자가 아니라 티베트 소수민족의 대표로만 취급했기 때문이다. 티베트의 독립을 위해 가장 힘써야 할 인도도 자국의 이익을 위해 그다지 적극성을 보이지 않았다. 아니 도리어 네루

달라이 라마의 여름 궁전인 노르부링카 궁전 입구

는 모택동과 '평화공존 5원칙'이라는 것을 발표함으로써 중국의 티베
트에 대한 주권을 인정하고 말았다. 1956년에는 '티베트 자치구'를 구
성하기 위한 51인 준비위원회가 성립되었다. 달라이 라마가 그 위원
장으로 앉혀졌고 티베트인도 15명이 포함되었지만, 위원회를 좌지우
지한 것은 물론 한족이었다.

　1958년에 들어서면서 티베트인들의 무력을 통한 저항운동이 본격
적으로 확산되기 시작했고, 중공군은 이들 게릴라에 대한 공격은 물론
사원과 도시에 대한 포격으로 대응했다. 그 해 말이 되면서 저항운동
은 더욱 퍼져 티베트 남부 거의 전부와 동부 지역의 상당 부분이 게릴
라들의 수중에 들어갔다. 이러한 광범위한 저항에 부딪친 중국측은 달
라이 라마를 이용해서 티베트 민중들을 설득하는 방법을 생각해 내었
다. 1959년 2월, 그를 가면극에 초대하면서 호위병을 대동하지 말고

오라는 요구를 했다. 달라이 라마는 어디를 가나 거대한 체구를 지닌 호위병들의 보호를 받았기 때문에 이러한 요청은 매우 이례적인 일로 여겨졌고 모종의 음모가 있다고 생각할 수밖에 없었다.

이 소문은 매우 빠른 속도로 퍼져 나갔고, 달라이 라마의 신변을 걱정한 라싸 시민들은 그가 머무는 노르부링카 궁전으로 모여들어 에워싸기 시작했다. 그들은 달라이 라마를 보호하기 위해 무장을 하고 결사대를 조직했으며 궁전 주위에 바리케이드를 쳤다. 3월 10일 군중의 숫자는 3만 명을 넘었다. 이들과 중국측의 충돌은 불가피했고, 그렇게 될 경우 얼마나 많은 티베트인들이 목숨을 잃을지는 불 보듯 뻔한 사실이었다. 달라이 라마는 후일 회고록을 통해 그 때 자신이 얼마나 괴로운 심정이었는지를 토로하였다. 그 곳에 남아야 하는가, 아니면 국외로 망명해야 하는가. 남는다면 중국측의 요구를 거절하기 힘들어질 것이고, 망명한다면 중국의 지배를 받게 될 동족들의 운명은 어떻게 될 것인가. 그는 스스로의 판단으로 결정하기 힘들어 결국 신탁(神託)에 의지했다. 그러나 신탁은 그가 남아야 한다는 뜻을 알려 왔다.

불안과 분노로 밤을 보낸 뒤 다음 날 그는 다시 한 번 영매(靈媒)를 통해 신탁을 물었다. 그런데 그 답은 "가라! 오늘 밤 당장 가라!"는 것이었다. 그는 스스로 점을 쳐 보았으나 대답은 역시 마찬가지였다. 그는 후일 이 같은 신탁의 갑작스런 변경이 탈출의 비밀이 미리 새어 나가는 것을 막기 위한 신의 뜻이라고 이해하였다. 결국 자신이 떠나야 군중들이 해산할 것이라고 확신한 그는 3월 17일 밤 탈출을 결행했다. 가족과 극소수의 호위병에 둘러싸여 그는 성난 군중들 사이를 비집고 궁전을 빠져 나갔다. 물론 군중들이 그를 알아보면 일을 그르치기 때문에 안경까지 벗어 버렸다. 칠흑 같은 밤에 앞이 보이지 않는 길을 안경도 없이 발을 헛디뎌 가면서 강을 건넜다. 중공군 초소 바로 옆을 통과하는 아슬아슬한 순간도 있었다. 그는 시내에서 5km 남짓 떨어진

티베트 귀족 자제들이 전통적인 전사의 복장을 하고 도열한 모습

곳, 라싸가 보이는 마지막 고개에 올라 동족을 위한 기도를 드린 뒤, 호위대의 경호를 받으며 피난길을 재촉했던 것이다. 3월 31일, 그는 국경 지대에 도착했고 인도의 네루 수상은 그의 망명을 받아들이겠다는 공식 성명을 발표했다.

그러나 라싸에 남은 시민들은 그를 대신해 피를 흘릴 수밖에 없었다. 그가 시내를 빠져 나가고 이틀 뒤, 중공군은 티베트의 장엄한 역사가 숨쉬는 포탈라 궁전과 노르부링카 궁전에 포격을 가했다. 이어서 탱크가 밀어닥쳤고 군대가 투입되었다. 이 때 살해된 티베트인의 숫자는 1만 2000명에 이르렀다고 한다. 그리고 그 다음 날 비로소 달라이 라마가 탈출했다는 소식이 알려졌다. 달라이 라마의 망명소식을 듣고,

또 중공군의 본격적인 학살과 탄압에 견디지 못한 티베트인들은 무리를 지어 고향을 버리고 망명의 길을 선택할 수밖에 없었다. 그들은 인도 정부가 마련해 준 정착촌에서 새로운 삶을 개척해야 했고, 지금도 인도 서북부의 다람살라에는 10만 명에 이르는 티베트인들이 고향에 돌아갈 날을 기다리며 살고 있다.

나는 이 글을 쓰면서 티베트와 중국 가운데 무조건 어느 한쪽이 악인이고 다른 쪽은 억울한 피해자라고 단정하고 싶지는 않다. 그러나 1959년 라싸에서, 그리고 뒤이어 티베트 전역에서 벌어진 참극은 분명히 역사적 사실로서 부인할 수 없다. 그렇다면 도대체 무엇 때문에 이러한 비극적인 일들이 벌어지게 된 것일까. 한 마디로 말해 중국은 티베트를 자기네 국가의 일부라고 확신했고 그것을 거부하는 어떤 주장도 집단도 용인할 수 없었기 때문이다. 반대로 티베트는 스스로 역사적으로나 현실적으로 독립된 민족이요 국가임을 자부했으며, 그랬기 때문에 그 때나 지금이나 집요하게 독립을 주장하고 있는 것이다. 어떻게 이렇게 전혀 다른 입장이 생겨나게 되었을까. 이 문제를 이해하기 위해서 우리는 다시 과거의 일들을 되돌아보지 않을 수 없다.

서쪽으로 흐르는 강물

640년 겨울, 티베트의 사신이 당나라의 수도 장안에 도착했다. 그는 황금 5000냥과 진귀한 보석 수백 개를 황제에게 바친 뒤 중국의 공주를 티베트 왕의 부인으로 보내 달라고 요청했다. 당시 '토번'(土蕃)이라는 이름으로 중국에 알려진 티베트의 국가는 송첸 감포(649년 사망)라는 왕의 지배 아래서 강대한 세력을 과시하고 있었기 때문에 당나라 황제인 태종도 이를 거절하기 어려웠다. 그는 문성공주(文成公主)를

티베트 고대국가(토번)의 기틀을 세운 송첸 감포(좌)와 그의 요청에 따라
당 태종이 시집 보내 준 문성공주(우)

보내기로 결정했다. 그러나 그녀는 태종의 친딸이 아니었다. 당나라
때에는 주변 이민족의 군주에게 공주를 부인으로 보내 주어 우호 관계
를 맺는 일이 많았는데, 이 때 시집가는 공주를 '화번공주'(和蕃公主)
라고 불렀다. 말뜻 그대로 오랑캐와 화친하기 위한 공주인 셈이다. 그
런데 예외가 없는 것은 아니지만 거의 대부분의 화번공주는 사실상
'가짜 공주'였고, 그것을 이민족의 군주들이 모르는 것도 아니었다. 그
들은 공주가 가짜라는 것을 알면서도 왜 문제 삼지 않았을까. 그것은
중국 황제의 '공주'를 부인으로 맞아들임으로써 대외적으로나 대내적
으로 자신의 위상을 높이는 것이 더 중요하기 때문이었다. 송첸 감포
도 마찬가지였다.

  오늘날 라싸를 찾는 외국의 방문객들은 송첸 감포와 문성공주의 이

야기를 귀에 못이 박히도록 듣는다. 티베트인들에게는 이들과 관련된 많은 설화적인 이야기들이 전해지고 있다. 하루는 나를 안내하던 사람이 내게 이런 질문을 갑자기 던졌다. 공주를 보내 달라는 송첸 감포의 요청을 받아들이기 싫었던 당 태종이 사신으로 온 사람에게 수수께끼를 냈다고 한다. 그것을 풀면 문성공주를 데려가도 좋지만 만약 그러지 못하면 안 된다는 것이었다. 그 수수께끼는 이러했다. 꼬불꼬불하고 좁은 구멍이 나 있는 돌과 아주 가는 명주실이 있는데, 어떻게 하면 그 실을 돌의 한쪽 끝에서 다른 쪽 끝으로 내보낼 수 있겠느냐는 것이었다. 나는 어디서 들어 본 듯한 기억이 있어 잠시 생각하다가 이렇게 대답했다. 돌의 한쪽 구멍에 꿀을 바른 뒤 조그만 개미 몸통에 명주실을 묶어 다른 쪽 구멍으로 집어 넣으면 되지 않겠느냐고 했다. 안내인은 깜짝 놀라며 답을 어떻게 알았느냐고 내게 되물었다.

　이 같은 설화에 어떤 역사적 근거가 있는지는 분명치 않다. 다만 『자치통감』(資治通鑑)이라는 책을 보면 이런 기사가 있다. 태종이 티베트의 사신에게 우위대장군(右衛大將軍)이라는 직함을 내리고 "그가 대답을 잘 한 것을 가상히 여겨" 황실 일족의 여자를 그에게 부인으로 주고자 했는데, 그는 이렇게 말하면서 받아들이지 않았다고 한다. "신(臣)은 저의 나라에 부인이 있습니다. 부모님이 맺어 주신 사람이니 어찌 버릴 수 있겠습니까. 더구나 송첸 감포 임금님도 아직 공주를 맞아들이지 않았는데 신하된 자로서 어찌 감히 먼저 부인을 맞겠습니까." 이에 태종은 그의 현명함을 더욱 칭찬했다고 한다. '대답을 잘 했다'는 말이 구체적으로 무엇을 두고 한 것인지는 알 수 없지만, 앞에서 소개한 수수께끼의 이야기도 이런 맥락에서 나온 것 같다.

　문성공주는 641년 장안을 출발해서 티베트로 향했다. 지금도 그 곳으로 가는 길은 험하기 짝이 없는데, 말이나 가마를 타고 가야 하는 당시의 사정은 두말 할 필요도 없었을 것이다. 더구나 고향을 떠나 이국

문성공주가 티베트로 오면서 거쳐 갔다는 해발 3520m의
일월산에 세워진 정자의 모습

으로 향하는 문성공주의 심정이야 오죽했을까. 행렬은 난주를 지나 서
쪽으로 가다가 적령(赤嶺)이라 불리는 산마루에 이르렀다. 지금 그 곳
은 일월산(日月山)이라 불리며 해발 3520m의 고개에 일정(日亭)과 월
정(月亭)이라는 쌍둥이 정자가 서 있다. 문성공주를 기념하기 위해 세
워졌다고 한다. 그런데 '일월'이라는 이름은 사실 그로부터 약 90년
뒤인 733년 당나라와 티베트가 그 곳을 국경으로 삼고 비석을 세웠는
데, 거기에 새겨진 인장의 모습이 해와 달을 본뜬 것이기 때문에 붙여
진 것이었다.

일월산을 넘으면 도당하(倒撞河)라는 조그만 물줄기를 만나게 된다.
문자 그대로 '거꾸로 흐르는 강'이라는 뜻이며, 일월산의 동쪽에 있는

황하 발원지 가까운 곳에 위치한 성숙해의 모습. '별이 잠드는 바다'라는 이름에 걸맞은
신비한 분위기가 느껴진다.

강들은 모두 동류(東流)하는 데 반해 이 강은 서류(西流)하기 때문에
붙여진 이름이라 한다. 그 곳에 올 때까지 동쪽으로 흐르는 물줄기들
을 보면서 고향으로 가고 싶은 마음을 못내 버리지 못하던 문성공주도
도당하를 본 뒤 마침내 수구초심(首丘初心)을 버렸다고 한다. 송첸 감
포도 신부를 맞이하기 위해 라싸를 출발하여 티베트 고원을 가로질러
북쪽으로 올라와 황하가 발원하는 곳에서 그녀를 만났다고 한다.

성숙해(星宿海)에서

1998년 여름, 나는 황하의 원류를 찾아가 보기 위해 이 길을 갔다.

자매호의 하나인 오링호. 너무 높은 곳이라 관광객에 의해 오염되지 않아 티없이
맑은 물 위에 반두안이라는 희귀조들만이 한가롭게 놀고 있다.

지리학자도 아닌 내가 그 곳에 가기로 마음먹은 것은 사실 성숙해를
보기 위해서였다. 언젠가 「대황하」(大黃河)라는 텔레비전 프로그램을
보았을 때 조그마한 호소(湖沼)가 수없이 깔려 있는 모습이 마치 밤
하늘에 별들이 박혀 있는 듯했고, 정말로 '별이 잠든 바다' 바로 그것
이었다. 예부터 "황하는 위로 하늘에 닿아 있고, 그 발원지는 성숙해
이다"라고 해 왔고, 시인 이태백(李太白)도 "그대는 보지 못하는가, 황
하의 물이 하늘에서 흘러내리는 것을!"이라고 노래했던 것이다.

서녕을 출발해 청해호에서 하루 묵은 뒤 청장공로(青藏公路)를 따라
내려갔다. 일월산을 넘은 뒤 길은 남쪽으로 접어들었고 본격적으로 청
해-티베트 고원으로 들어갔다. 높은 지대라서 그런지 지금도 길 양쪽
으로는 끝도 없이 넓은 벌판이 유채꽃의 바다를 이루고 있었다. 초원

의 공기는 한없이 맑고 가벼웠으며, 그 사이를 가로지르면서 퍼져 가는 햇살은 자연의 아름다움을 부끄럼도 없이 모두 비쳐 주는 듯했다. 고원을 가로지르는 길은 4500m가 넘는 고개를 세 번이나 지나고, '골로'(Golo)라는 티베트 종족이 사는 지방을 지난다.

저녁 무렵 '황하제일교'(黃河第一橋)가 있는 마도(한자로는 마다瑪多)라는 마을에 도착한 뒤 나는 심한 고산증을 느끼기 시작했다. 같이 간 작가 김영종 씨는 나보다 상태가 더 심각해 꼼짝도 못 한 채 여관방 침대에 누워 있었다. 거울에 얼굴을 비쳐 보니 안색은 창백했고 입술과 손톱도 파랗게 변색되어 있었다. 참기 어려운 두통으로 밤새 잠도 설친 채 다음 날 아침 지프에 간단한 식량과 텐트를 싣고 성숙해를 향해 출발했다.

전날 밤에 비가 온 탓으로 길이 진창이 되어 버려 속도를 내기도 힘든데다 운전사와 안내인도 초행길이어서 방향조차 제대로 분간하지 못했다. 아침 8시에 출발했는데 마도에서 불과 60km 떨어진 오링 호에 도착하니 12시였다. 저녁 무렵 자링 호를 지나 성숙해에 거의 다 왔을 때 운전사는 더 이상 못 가겠다고 주저앉아 버렸다. 휘발유 계기판의 눈금이 중간을 가리키고 있고 중간에는 차에 기름을 넣을 곳이 없기 때문에 돌아갈 것을 생각하면 더 갈 수 없다는 것이었다. 성숙해를 지척에 두고 그만 가자니 막막하기 짝이 없었다. 다급해진 나는 그를 윽박지르기도 하고 돈을 더 주겠다고 구슬리기도 했다. 겨우 그의 마음을 돌려 성숙해 초입에 도착하니 이미 저녁 6시 반이었고 주위는 어둑어둑해지기 시작했다.

꿈에도 그리던 성숙해에 왔다는 기쁨에 앞서 고산병의 고통이 먼저 몰려왔다. 텐트를 친 뒤 저녁도 먹지 못한 채 그대로 쓰러졌다. 4300m 의 고원을 휘몰아치는 바람은 뼛속에 스미는 듯했고, 인민군 외투를 껴입고 오리털 침낭 속에 웅크린 채 누워 있어도 온몸이 오한으로 덜

한때 사냥기로 이름 높았던 티베트의 골로족 여인들. 남자들은 가축을 치러 나갔고
여자들만 텐트에 남아서 가사를 돌보고 있다.

덜거렸다. 옆에 누워 있던 김영종 씨는 누워 있다가 벌떡벌떡 일어나
곤 했다. 숨을 쉴 수 없다는 것이었다. 별 생각이 다 들었다. 당장이라
도 운전사를 깨워 마도로 돌아가야 하나, 아니면 새벽까지 기다리나.
그의 증세는 중증에 속했고 잘못하면 폐수종증에 걸리지 않을까 겁도
났다. 심하면 죽는다는데.

　그러는 사이에 동이 텄다. 하늘에는 어두운 구름이 낮게 드리워 있
었다. 황하의 원류가 되는 샘물이 있는 곳까지는 50~60km를 더 들어
가야 하는데 꼭 가 보고 싶었다. 그러나 차에 기름이 없다니 달리 방도
가 없었다. 아쉬운 마음과 함께 차를 돌려 다시 마도로 향했다. 자링
호와 오링 호의 물 색깔은 너무나 맑고 파랬다. 호반에는 머리 부분에
반섬이 있어 반누안(斑頭雁)이라 불리는 새들이 무리를 지어 날갯짓

을 하고 있고, 호수 너머 저 멀리에는 만년설을 이고 있는 안네마친 산맥의 영봉들이 펼쳐져 있었다.

문성공주의 불상

『구당서』(舊唐書)에는 송첸 감포가 황하의 원류가 있는 백해(柏海)에 이르러 문성공주를 친히 영접했다고 되어 있는데, 백해는 바로 자링 호와 오링 호라는 자매호수를 가리키는 것이 분명하다. 라싸에서 그 곳까지 마중 나왔으니 공주에 대한 그의 지극한 마음을 알 수 있을 듯하다. 그녀가 얼굴에 붉은 칠을 하는 티베트인들의 풍습에 대해 불만을 토로하자 왕은 그 풍습까지 중지시킬 정도였다 한다.

문성공주는 당나라 조정에 부탁해서 들여온 불상을 안치할 사원을 지었는데 그것이 바로 라싸에 있는 라모체 사원이다. 지금도 라싸에서 관광객들이 꼭 들러 보는 사원이 둘 있는데, 하나가 라모체이고 또 하나가 조캉이다. 조캉 사원은 송첸 감포의 또 다른 부인이 된 네팔 출신의 공주가 갖고 온 불상을 안치하기 위해 세운 것이라고 한다. 그런데 지금 이 두 사원에 안치된 불상은 뒤바뀌어 있다. 즉 조캉에는 문성공주의 불상이, 라모체에는 네팔 공주의 불상이 모셔져 있는 것이다. 그 까닭은 얼마 뒤 중국의 군대가 침입해 들어오자 불상을 부숴 버릴 것을 우려해 서로 바꾸어 놓았기 때문이라고 한다. 지금도 티베트인들은 조캉에 모셔진 문성공주의 불상을 무엇보다도 신성한 것으로 여긴다. 그 불상이 석가모니 생전에 만들어져 축복을 받은 것이라고 믿기 때문이다. 라싸를 찾는 순례객들은 반드시 이 불상 앞에 멈춰 그 발에 이마를 대면서 자신의 희망을 말한다.

송첸 감포와 문성공주의 혼인, 문성공주의 불상과 사원의 건립에 관

문성공주가 갖고 왔다는 불상. 현재 조캉 사원에 봉안되어 있으며 티베트인들에게는
가장 신령스러운 불상으로 여겨지고 있다.

한 내용은 단순히 설화적인 이야기가 아니라 역사적 사실이다. 그러나 그 진상을 더 자세히 들여다보면 우리가 흔히 듣는 내용과는 사뭇 다른 것들을 발견할 수 있다. 우선 문성공주가 당나라에서 와서 혼인한 사람은 송첸 감포가 아니라 그의 아들이었다는 사실이다. 그 아들이 643년에 사망하자 공주는 남편을 추모하기 위해 당나라에 불상을 부탁했고, 646년 이 불상이 도착하자 그것을 모셔 놓기 위해 라모체 사원을 지었다고 한다. 그리고 나서 송첸 감포가 며느리였던 문성공주를 자기 부인으로 맞아들였으나 3년 뒤인 649년에 사망하고 말았다.

송첸 감포와 문성공주의 이야기는 7세기경 티베트와 중국 사이에 이루어졌던 접촉의 양상을 상징적으로 보여 준다. 송첸 감포는 티베트를 강력한 국가로 만들었고, 오히려 당시 '정관(貞觀)의 치(治)'라 불리며 전성기를 구가하던 당나라를 위협할 정도였다. 태종도 처음에는 송첸 감포의 요구를 거절했다가 거듭된 그의 실력행사에 굴복하여 문성공주를 보내게 된 것이었다. 오늘날 티베트인들이 송첸 감포의 이야기를 자주 하는 것도 아마 과거에 중국을 압도했던 자신들의 역사에 대한 자부심 때문일 것이다.

쿠빌라이와 팍파(Pagspa)

언젠가 국사학과의 교수 한 분이 내게 사진 한 장을 보여 주며 거기에 적혀 있는 문자가 무엇인지 아느냐고 물어 왔다. 그것은 전라남도 송광사에 보존되어 있는 고문서의 사진이었다. 아무리 들여다보아도 내가 아는 문자가 아니었다. 그 뒤 나는 그 사진에 대해 잊어버렸다. 그러다가 라싸에 있는 노르부링카 궁전의 박물관에 갔다가 우연히 그 문자와 똑같은 것이 씌어 있는 문서를 보게 되었다. 두루마리에 적힌 이 문서 아래에는 '사캬 만호장이 하로사(夏魯寺)에 내리는 칙유'(薩迦萬戶長給夏魯寺的勅諭)라는 설명이 붙어 있었다. 관리인에게 물어 보니 그 문자는 티베트 필기체라고 했다. '사캬 만호장'은 원대에 티베트의 사캬 지방에 두었던 만호의 수령을 가리키는 것이고, 하로사는 라싸 서쪽에 있는 시카체라는 도시에 있는 샬루 사원을 가리킨다.

그렇다면 송광사에 무엇 때문에 티베트 문자로 씌어진 문서가 있는 것일까. 나 자신 티베트어를 모르기 때문에 무슨 내용인지 알 수는 없지만, 그 문서가 고려시대에 속하는 다른 문서들과 같이 보존되어 있는 것으로 보아 원의 간섭을 받던 고려시대의 것일 가능성이 크다. 나는 이 문서가 혹시 원대에 중국에서 많은 영향력을 행사하던 티베트의

노르부링카 궁의 박물관에 보관된 티베트 문서(좌). 우리 나라 송광사에 있는 고문서에 씌어진 것(우)도 이와 동일한 티베트 문자이다.

사캬파(Shakyapa) 교단이 송광사에 건네 준 일종의 특혜문서가 아닐까 추측하고 있다. 이러한 추측은 다음과 같은 이유 때문이다.

13세기의 세계는 몽골인들의 천하였다. 유라시아 대륙에서 서구와 인도를 제외한 거의 대부분의 지역이 그들의 지배 아래에 들어갔다. 그래서 과거 로마제국의 지배를 '팍스 로마나'(Pax Romana)라고 한 것에 비유하여 그 시기를 '팍스 몽골리카'(Pax Mongolica)라고 부르기도 한다. 중국도 그들의 정복에서 자유로울 수는 없었다. 북방의 금나라와 남방의 송나라가 차례로 무너졌고 몽골인들이 세운 원이 그를 대체했다. 티베트가 원의 영향권에 들어간 것은 쿠빌라이 시대였다.

쿠빌라이가 티베트 출신의 라마승 팍파(파스파八思巴로 발음되기도 했다)를 처음 만난 것은 1253년이었다. 그는 당시 19세의 이 젊은 승려한테서 깊은 인상과 감화를 받았다. 1260년 원나라의 황제가 된 그는 팍파를 초치해서 '제사'(帝師)로 삼고 옥인(玉印)을 주면서 "중원의 법주(法主)로서 소임을 다하고 천하의 교문(敎門)을 통할하도록" 했다. 다시 말해 제국 영내에 있는 모든 종교에 대한 감독권을 부여한 셈이다. 팍파가 죽은 뒤로도 1세기 동안 그가 속한 사캬파라는 교단의 장로들은 '제사'의 지위를 독점하며 그러한 권리를 누렸다. 이 같은 사실은 중국 하남성 소림사(少林寺)에서 발견된 비석에 의해서도 입증된다. 소림권법으로도 유명한 이 절에서는 몽골제국 초기에 만들어진 네 개의 비석이 최근에 발견되었는데, 그 중 세 개는 위구르 문자로 되어 있고 하나는 곽파 문자로 새겨져 있다. 이 중 한 비문에 하남 지역에 있는 모든 승려들에 관한 문제를 처리할 때 최종적으로 라마승 곽파의 말에 따르도록 하라고 명시되어 있는 것이다.

이렇게 볼 때 송광사가 비록 고려의 사찰이긴 했지만 티베트 불교의 사캬파 교단과 연관이 있었을 것이며, 특히 사찰에서 받는 면세와 같은 특권의 경우에는 '제사'의 지위를 독점하던 티베트 교단측의 협조가 필요했을 것이다. 더구나 당시 고려의 승려들이 원나라에 자주 드나들었으니 그 곳 티베트 승려들과의 접촉도 자연스럽게 이루어졌을 것이다. 티베트 문자로 된 문서가 송광사에 있게 된 것이 아마 이러한 배경과 관련이 있는 것이 아닐까 추측된다.

곽파는 쿠빌라이의 부탁을 받고 새로운 문자를 만들어 주기도 했다. 그의 이름에 따라 '곽파 문자'(혹은 파스파 문자)라고 하며, 그 모양이 네모꼴로 생겼다고 해서 '네모 문자'라고도 부른다. 그 전까지 몽골인은 위구르인들이 사용하던 문자를 그대로 빌려서 사용했는데, 쿠빌라이는 전 세계를 호령하게 된 몽골인들 스스로의 고유한 문자를 가질 필요가 있다고 생각하여 문자를 만들도록 한 것이다. 그는 이 문자를 '국자'(國字)라고 명명하고 모든 공용문서에 사용토록 했다. 그런데 이 문자들 가운데 어떤 것은 한글과 매우 흡사한 것이 있어 놀랍다. 우리의 한글이 만들어질 때 외국의 여러 문자를 참고로 했는데 그 중 하나가 이 곽파 문자였고, 이제는 받아들여지지 않지만 한때 한글의 일부 자형이 이 곽파 문자에서 나왔다는 주장이 제기된 것도 바로 이 때문이었다.

몽골제국 시대에 군주의 칙령을 받드는 사신이 차고 다니던 패자.
그 위에 팍파 문자로 "영원한 하늘의 힘에 기대어, 칸의 칙령.
받들지 않는 자는 처벌될 것이노라!"라고 새겨져 있다.

  원 조정에서 라마승 팍파가 누린 지위는 대단했다. 티베트측 자료에
의하면 그는 쿠빌라이의 종교적 스승으로 황제에게 자신을 만날 때마
다 절을 하고 낮은 자리에 앉도록 요구했고, 이에 대해 쿠빌라이는 공
적인 자리에서는 그렇게 할 수 없지만, 그의 가르침을 받는 사적인 자
리에서는 그렇게 하겠노라고 약속했다고 한다. 『원사』(元史)에도 문무
백관이 황제를 알현할 때 황제의 자리 옆 위쪽으로 '제사'를 위해 특별
한 자리를 마련했으며, 황제나 후비도 모두 그에게 경배를 했다는 기
록이 보인다. 당시 쿠빌라이와 팍파의 관계를 시사하는 대목이다. 양
자는 군주와 신하의 관계라기보다는 세속적인 군주와 그의 보호와 존

경을 받는 종교적 지도자의 관계였다고 보는 것이 타당할 것이다.

원이 무너진 뒤 티베트와 중국의 관계는 전처럼 긴밀하지 못했다. 명조는 대외적으로 매우 소극적인 정책을 폈기 때문에 적극적으로 티베트를 그 영향권 아래 두려고 하지도 않았다. 당시 티베트에서는 원조의 후원을 받던 사캬파의 독주시대가 끝나고 여러 교단들 사이에 치열한 주도권 쟁탈전이 벌어지고 있었다. 그 중 하나가 겔룩파라는 교단이며, 이 교단의 대표가 몽골의 알탄 칸을 만나 달라이 라마로 추대된 사정은 3장에서 설명할 것이다. 몽골인들의 강력한 군사적 지원을 얻은 겔룩파는 점차 다른 교단을 압도해 나갔고, 제5대 달라이 라마(1617~1682)는 그것을 최종적으로 완성시켰다. 그가 '위대한 5대'라는 별칭을 얻은 것도 그 때문이다.

바로 이 시기에 중국에서는 만주족의 청나라가 들어섰다. 청조는 명과는 달리 대외적으로 적극적인 팽창정책을 표방했기 때문에 티베트와의 관계도 과거와 같을 수는 없었다. 이렇게 해서 제5대 달라이 라마가 사망하자 양국의 관계는 전혀 새로운 국면으로 접어들게 된다.

은폐된 죽음

1682년 제5대 달라이 라마가 68세의 나이로 세상을 떠났다. 그는 죽기 3년 전 상게 갸초라는 27세의 젊은이를 자신의 섭정으로 임명했다. 이보다 7년 전에도 달라이 라마는 그를 섭정으로 삼으려고 한 적이 있었다. 노년의 달라이 라마가 그에게 보인 이상할 정도의 강한 집착은 사람들로 하여금 상게 갸초가 그의 아들이 아닌가 하는 의혹을 갖게 했고, 사실 그랬다고 믿는 학자들도 있다. 젊은 섭정은 어렸을 때부터 좋은 교육을 받았을 뿐 아니라 타고난 총명함으로 놀라울 정도로 박람한 지식을 갖추고 있었다.

그는 달라이 라마의 죽음을 비밀에 부쳤다. 달라이 라마를 매일같이 수발하던 극소수의 사람들을 제외하고는 누구에게도 그 사실을 공표하지 않았다. 그러나 티베트 최고의 수장으로 그가 주재하거나 참석하지 않으면 안 될 집회나 사무들이 있는데, 어떻게 사람들의 눈을 속일 수 있었을까? 섭정 상게 갸초는 달라이 라마가 독방에서 명상을 하기 위해 무기한 은거에 들어갔다고 둘러댔다. 그리고는 한 승려를 설득하여 대신 독방에 넣어 그의 역할을 하도록 했다. 매일 세 끼 식사가 독방에 들여보내졌고 깨끗이 비워진 그릇이 밖으로 나왔으니 누가 의심을 품을 수 있겠는가. 외국에서 귀빈이 방문하여 달라이 라마와의 접견이 불가피할 경우에는 그와 비슷하게 닮은 사람에게 승의와 승모를 씌워 변장시킨 뒤 만나 보게 했다. 한 번도 달라이 라마를 만난 적이 없는 그들은 당연히 그러려니 믿었다.

한편 상게 갸초는 비밀리에 새로운 전생을 찾기 위한 노력을 기울였다. 마침내 달라이 라마가 죽은 지 3년 만에 어떤 마을에서 세 살짜리 아이를 찾아 냈고, 여러 가지 시험을 한 결과 그가 전생임이 확인되었다. 섭정은 그를 은밀히 불러들여 필요한 교육을 받게 했지만 여전히 대외적으로는 비밀에 부쳤다. 살아 있지도 않은 달라이 라마의 이름으로 섭정은 티베트의 세속과 종교의 사무를 주도면밀하게 처리해 나갔다. 민간의 실태를 파악하기 위해 서민으로 변장하여 시찰도 자주 했다. 그는 포탈라 궁전을 대대적으로 보수하기도 했는데, 오늘날 라싸를 방문하는 사람들이 웅장하고 아름다운 그 모습을 볼 수 있는 것도 그의 노력 덕분이라고 할 수 있다.

이렇게 해서 섭정은 무려 15년 동안이나 달라이 라마의 죽음을 은폐하며 정사를 처리했다. 그러나 이처럼 엄청난 비밀이 어떻게 그 이상 감추어질 수 있겠는가. 여기저기서 문제가 생겨나기 시작했다. 우선 엉뚱하게 달라이 라마의 역할을 해야 했던 그 승려에게 15년간의 독방생활은 감옥이나 다름없었다. 견디다 못한 그는 여러 차례 탈출을 기도했다가 붙잡혔다. 섭정은 매로써 그를 윽박지르기도 하고 푸짐한 보상으로 구워삶으려고도 했다. 이렇게 되자 의심을 품는 사람들이 생겨나기 시작했다. 그들은 가짜 달라이 라마와 회견하고 나오는 사람들에게 그 생김새를 자세히 물어 보기도 했다. 제5대가 사망했다는 소문은 이제 라싸는 물론 북경에까지 퍼지게 되었고, 강희제는 섭정의 그러한 처사를 질책하는 서한까지 보내기에 이르렀다.

섭정 상게 갸초는 결국 비밀을 털어놓을 수밖에 없었다. 1697년 그는 달라이 라마가 이미 오래 전에 사망했다는 사실을 공식적으로 발표하고, 동시에 이미 15세의 나이가 된 젊은이가 그의 전생이라고 선포한 것이다. 이렇게 해서 창양 갸초라는 이름의 이 젊은이는 포탈라 궁에서 제6대 달라이 라마로 즉위하게 되었다. 그는 승려로서의 생활을 싫어하여 세상이 주는 즐거움에 탐닉했고 사랑을 노래한 수많은 시를 남기기도 했지만, 마지막에는 몽골군의 포로가 되어 끌려가다가 죽는 비극의 주인공이 되고 말았다. 그의 파란 많은 생애는 뒤에서 설명할 것이다.

우선 여기서 풀어야 할 의문은 섭정 상게 갸초가 도대체 무엇 때문에 제5대 달라이 라마의 죽음을 그렇게 오랫동안 은폐했어야 했는가 하는 점이다. 이 궁금증을 풀기 위해서는 당시 티베트의 국내 정치상황과 주변의 국제정세를 알지 않으면 안 된다. 제5대가 생존해 있을 때 중국과 몽골에는 거대한 변혁이 일어났다. 중국에서는 명나라가 망하고 만주족이 들어와 청나라를 세웠으며, 강희제는 내지에서 일어난 반란을 평정하고 국가의 기틀을 확고히 다졌다. 한편 몽골 초원에서는 서몽골 세력이 급속하게 팽창하면서 티베트와 중국에 대한 군사적 압력을 가중시켰다. 달라이 라마가 티베트의 수장으로서의 지위를 확고

라싸에 있는 포탈라 궁전의 전경. 산 위에 버티고 서 있는 웅장한 모습은
보는 이를 압도한다.

히 한 것도 실은 서몽골에 속하는 호쇼트라는 부족이 기마군대를 끌고
티베트로 들어와 달라이 라마와 손을 잡고 그 반대세력을 일소했기 때
문이었다. 그 뒤 티베트에서는 호쇼트 부족이 군사력을 배경으로 커다
란 영향력을 행사하게 되었다.

　제5대 달라이 라마가 사망한 당시에도 그 같은 상황은 마찬가지였
다. 호쇼트 부족의 수령이 티베트의 내정에 간섭하며 권력을 행사했으
니 섭정 상게 갸초에게는 결코 달가운 일이 아니었다. 그는 외부의 간
섭 없는 독자적인 통치권을 바랐기 때문이다. 만약 달라이 라마가 사
망했다는 사실이 공표되고 새로운 달라이 라마가 선출되면 그는 섭정
으로서의 영향력을 잃을 수밖에 없게 될 것이기에 그의 죽음을 은폐한
것이다.

    그런데 호쇼트부가 버티고 있는 한 섭정 상게 갸초가 무작정 달라이
라마의 죽음을 숨긴다고 문제가 해결되는 것은 아니었다. 언젠가는 그
의 죽음이 알려지게 될 것이고 그렇게 되면 그의 지위도 끝장이었기
때문이다. 따라서 비밀을 공표하기 전에 호쇼트부의 영향력에 제동을
걸지 않으면 안 되었고, 이를 위해 그가 취할 수 있는 방법은 다른 동
맹자를 구하는 일이었다. 그가 바로 갈단이라는 인물이었다.

    갈단에 대해서는 뒤에서 자세히 설명하겠지만 그는 당시 '준가르'라
는 이름으로 알려진 서몽골 유목국가의 군주였다. 그는 몽골 전체를
통합한 거대한 유목국가를 건설하려는 목적으로 동몽골을 침공했고
그것은 다시 청나라와의 전쟁으로 비화되었다. 그러나 그의 상대는 중
국 역사상 가장 뛰어난 군주의 하나로 손꼽히는 강희제였으니, 어떻게
보면 갈단은 시대를 잘못 만난 셈이었다. 강희제는 준가르를 치기 위
해 치밀한 준비를 마친 뒤 스스로 군대를 이끌고 갈단을 공격했다. 결
국 갈단은 패배하고 말았고 도주하다가 1697년 초원에서 죽음을 맞고
말았다.

    갈단의 죽음으로 섭정 상게 갸초가 세웠던 계획은 모두 수포로 돌아
가고 말았다. 갈단의 사망소식이 전해진 1697년, 바로 그 해에 그가
제5대 달라이 라마의 사망을 공식적으로 발표하고 제6대를 포탈라 궁
으로 모셔온 것은 결코 우연이 아니었다. 그는 더 이상 그의 죽음을 숨
길 명분도 희망도 없었던 것이다. 그 뒤 그는 자신을 압박하던 호쇼트
부와 대립을 계속하다가 결국 1705년 그 부족의 수령인 라짱 칸에 의
해 피살되고 말았다.

창양 갸초의 노래

갈단과 상게 갸초의 죽음으로 티베트에서 호쇼트부의 지위는 확고해졌다. 그러나 준가르의 위협이 완전히 사라진 것은 아니었다. 갈단을 대신하여 군주가 된 그의 조카는 여전히 호쇼트부나 청나라에 대해 적대적인 태도로 일관했기 때문이다. 당시 몽골인들은 귀족이나 평민을 가릴 것 없이 거의 모두가 티베트 불교도가 되었기 때문에 달라이 라마가 갖는 종교적 권위란 엄청난 것이었다. 만약 갈단의 조카가 달라이 라마와 손을 잡는다면 또다시 갈단 때와 같은 사태가 일어나지 않으리라는 보장이 없었다. 바로 이 점에서 청나라의 강희제와 호쇼트부의 라짱 칸의 이해는 일치했고 두 사람은 동맹자가 되었다. 그들은 상게 갸초가 선택하고 교육시킨 창양 갸초가 달라이 라마로서의 자격이 없다고 하여 폐위시키고 자기들이 마음대로 조종할 수 있는 새로운 달라이 라마를 앉히려는 대담한 계획을 세웠다. 물론 달라이 라마가 선출된 지 20년도 더 지난 시점에 와서 그것이 무효라고 한다는 것은 말도 안 되는 주장이긴 했지만, 그들이 그런 계획이 가능하리라고 생각한 나름대로의 이유는 있었다. 그것은 신임 달라이 라마인 창양 갸초의 기이한 행동이었다.

보통 나이 어린 달라이 라마는 5~6세가 되면 머리를 깎고 법명을 부여받은 뒤, 글을 읽고 쓰는 법을 배우고 경전을 외우기 시작한다. 이런 기초적인 교육과정을 끝내면 그는 살생이나 도둑질 혹은 거짓이나 간음 등을 하지 않는다는 36조의 계율을 준수할 것을 맹서한 뒤 '게출'(getsul), 즉 사미계(沙彌戒)를 받는다. 이 과정이 완료되면 보다 높은 단계의 교육을 받게 되며 18~20세의 성년이 되면 드디어 완전한 승려가 되기 위해 '겔롱'(gelong)의 계를 받는다.

창양 갸초는 준수한 외모에 영민한 두뇌를 지닌 젊은이였으니 장차 티베트의 장래를 짊어지고 나가기 위해 필요한 재능을 모두 갖추고 있었다. 그러나 그는 승려로서 필요한 수업보다는 활쏘기나 사람들과 어울려 노는 것을 더 즐겼다. 일찍이 판첸 라마로부터 사미계를 받았고, 이제 성인 승려가 되기 위해 필요한 본격적인 수업을 받아야 할 단계가 되었다. 그러나 그는 '겔롱'이 되기는커녕 '게출'의 자격마저 포기하겠다고 선언하고 말았다. 그는 포탈라 궁을 떠나 라싸 시내를 돌아다니며 친구들과 어울려 술을 마시고 노래를 불러 대기도 했다. 뿐만 아니라 은밀히 자기가 머무는 거처로 여자들을 불러들여 즐겼다. 그의 모습은 티베트 불교 교단의 수장으로서의 모습과는 너무도 거리가 멀었다. 승복이 아니라 속인들이 입는 비단옷을 걸치고 머리는 길게 늘어뜨렸으며 손가락에는 화려한 반지를 끼었다. 당시 라싸의 가옥들은 모두 흰색으로 칠해져 있었으나 한 집만이 노란색이었는데, 그 곳이 바로 제6대 달라이 라마의 애인들이 사는 곳이라는 소문도 있었다.

그는 물론 달라이 라마로서의 자격은 없었지만 뛰어난 시인이었고 티베트 역사상 가장 훌륭한 애정시를 남긴 사람이었다. 다음 세 편의 시에는 사랑하는 사람과 자유롭게 연애하고 즐기고 싶지만 승려로서의 처지 때문에 갈등하는 그의 마음이 잘 드러나 있다.

어여쁜 임을 따르려니
불도를 걷기 힘들고
깊은 산 속에서 수행하려니
임을 그리는 한 조각 마음이 걸리네.

*   *   *

지성을 다해 떠올리는 부처님 얼굴은

스웨덴의 탐험가 스벤 헤딘이 스케치한 티베트 여인의 모습. 헤딘은 불세출의 탐험가인
동시에 화가로서도 탁월한 재능을 갖고 있었다.

도무지 마음 속에 보이지 않는데
생각지 않으려는 임의 얼굴은
더욱더 또렷이 떠오르네.

          *   *   *

내 마음을 온통 빼앗는 사랑하는 이여!
우리가 맺어질 수만 있다면
그대는 바닷속 가장 깊은 바다,
그 곳에서 건져 낸 예쁜 보석이리.

그의 방종한 행동이 티베트의 승려나 일반인들에게 곱게 보였을 리 없다. 그를 걱정하는 목소리가 높아 갔고 무책임한 그의 행태를 비판하는 사람들도 많아졌다. 결국 이런 상황은 호쇼트부의 라짱 칸과 청나라의 강희제에게 좋은 기회를 주었다. 1706년 호쇼트 병사들은 창양 갸초를 포탈라 궁에서 끌어 내 납치하는 데 성공했다. 이 사실을 안 티베트인들은 호송대를 습격하여 그를 구해 냈고 라싸 북방에 있는 한 사원으로 그를 데리고 갔다. 그러나 곧 호쇼트 몽골군이 사원을 포위했고 많은 사상자가 날 것을 걱정한 창양 갸초는 스스로 몽골군에게 몸을 내주었다. 창양 갸초는 그들에게 끌려가기 직전에 자신의 심정을 적은 짧은 쪽지 하나를 애인에게 보냈는데, 거기에는 아무도 뜻을 알 수 없는 다음과 같은 시가 한 수 적혀 있었다.

내게 그대의 날개를 빌려 주오, 흰 두루미여!
나는 리탕에서 더 가지는 못하리.
거기서 다시 돌아오리라.

리탕은 티베트 동부에 있는 한 마을의 이름이고, 몽골군은 창양 갸초를 동쪽이 아니라 북쪽으로 끌고 갔으니 그가 리탕에 간다는 말과는 맞지 않다. 그러나 후일 그의 전생인 제7대 달라이 라마가 발견된 곳이 바로 리탕이다. 따라서 이 시는 몽골군에 끌려가는 자신이 전생(轉生)의 몸을 빌려 리탕에서 라싸로 되돌아오리라는 것을 예언한 셈이었다.

달라이 라마 쟁탈전

창양 갸초는 호송당하던 도중 청해호 근처에서 사망하고 말았다. 무슨 연유로 죽었는지는 아무도 알 수 없었다. 라짱 칸은 그가 적법한 6대 달라이 라마였다는 사실을 부인하고 다른 젊은이를 제6대라고 선포했다. 그러나 티베트인들은 이를 받아들일 수 없었다. 아무리 여자와 시를 좋아한 창양 갸초지만 그래도 그가 제5대의 전생이라는 사실에 대해서는 아무도 의문을 제기하지 않았고, 몽골인들이 성스러운 존재의 전생 문제에 관여한다는 것은 더더욱 받아들이기 힘들었기 때문이다. 라짱 칸이 내세운 젊은이가 실은 그의 아들이라는 소문도 퍼졌다.

그러는 사이 리탕에서 제6대의 전생으로 보이는 아기가 발견되었다는 이야기가 전해졌다. 라싸의 승려들은 리탕을 방문해서 그 아이를 시험해 본 결과 전생이 분명하다는 확신을 갖게 되었다. 그러나 이 소식을 들은 라짱 칸이 그 아이를 없애기 위해 병사들을 보냈기 때문에 승려들은 그를 보다 안전한 곳으로 급히 피신시켜야만 했다. 라짱 칸이 제멋대로 하는 처사에 불만을 품은 몽골의 수령들도 새로운 달라이 라마를 보호하기 위한 조치를 취했다. 그들은 먼저 청나라의 강희제에게 서한을 보내 그를 적법한 전생으로 인정해 달라고 요청했다. 이 서한을 접한 강희제는 자신이 일방적으로 라짱 칸을 지지할 경우 사태를 그르칠지도 모른다는 판단을 하게 되었고, 만약 라짱 칸이 실패할 경우에 대비할 필요를 느끼게 되었다. 그는 대신과 군대를 보내 어린 달라이 라마를 서녕 근처에 있는 쿰붐 대사원으로 데려오게 하고 거기에서 그를 보호하도록 조치를 취했다.

라짱 칸의 처지는 매우 어려워졌다. 강희제가 자신을 적극적으로 지원하기는커녕 도리어 새 달라이 라마에 대한 보호조치를 취했고, 티베트인들의 반감 또한 점점 더 거세어만 갔기 때문이다. 라싸 주변에는 티베트에서 규모가 가장 큰 사원들이 있었는데 세라(Sera), 드레풍 (Drepung), 간덴(Ganden) 사원이 그것이다. 이 3대 사원의 고승들은 라짱 칸의 독주를 막기 위해 호쇼트부와 대립 관계에 있던 준가르부에 게 도움을 요청하기로 했다. 당시 준가르부는 죽은 갈단의 조카인 체 왕 랍탄이라는 인물이 통치하고 있었다.

이러한 요청에 대해 체왕 랍탄은 티베트에서 자신의 영향력을 확고 히 할 좋은 기회라고 생각했다. 먼저 그는 라짱 칸의 경계심을 누그러 뜨리기 위해 두 사람의 자식들을 혼인시키자고 제안했다. 이어 그는 자기 동생에게 지휘를 맡겨 3000명의 기병을 라싸로 보냈다. 천산 북 방의 몽골인들이 라싸로 갈 때는 거의 언제나 청해 지방을 거치는 길 을 택했지만, 이들은 적의 허를 찌르기 위해 타림분지의 서쪽 끝에 있 는 호탄에서 티베트 고원에 올라 거기서 동진하는 코스를 택했다. 이 길은 지금도 모험 즐기는 사람이 아니면 거의 가지 않는데, 그것은 해 발 1000m도 안 되는 저지대에서 길이 갑자기 가파르게 올라가 5000m가 넘는 고개들을 무수히 지나야 하기 때문이다. 오늘날 지프 나 트럭으로 간다고 해도 고산병으로 엄청난 고생과 심지어 생명을 잃 을 각오까지 해야 하는 길이다. 당시 말을 타고 무장을 한 채 이 길을 간 3000 병사들의 고통은 오죽했을까. 어쨌든 이들은 라싸 근교에 도 착하여 그 곳에 주둔하던 호쇼트부를 공격하기 시작했고, 궁지에 몰린 라짱 칸은 라싸 시내로 들어가 피신했다.

제6대 달라이 라마를 죽게 하고 가짜를 내세운 라짱 칸의 처사에 불 만이 많던 라싸 시민들은 이 준가르 원정군을 환영하는 분위기였다. 준가르 군대는 라싸를 공략하기 위해 또 다른 부대가 제7대 달라이 라 마를 호송해서 올 것이라고 대대적으로 선전했다. 사실 체왕 랍탄은 라싸에 군대를 보내면서 또 다른 소수의 병력을 쿰붐 사원으로 보내

청해성 서녕 남쪽 황중(湟中)의 연화산 기슭에 세워진 쿰붐 사원. 달라이 라마가 속하는 겔룩파의 조종인 총카파의 탄생지에 세워진 것으로 탑이사(塔爾寺)라고도 칭해진다.

제7대를 탈취해 내어 라싸로 가도록 지시했었다. 준가르 군대는 성문까지 열어 준 라싸 시민들의 적극적인 내응에 힘입어 시내로 진입했고, 그 곳에 피신해 있던 호쇼트부 몽골군은 모두 죽음을 당했다. 끝까지 저항하던 라짱 칸 역시 피살되고 그가 세운 가짜 달라이 라마는 폐위되고 말았으니, 1717년의 일이다.

그러나 문제는 그들이 데리고 오기로 한 제7대 달라이 라마였다. 티베트인들은 준가르 군대에게 하루속히 쿰붐 사원에 연금되어 있는 제7대를 라싸로 오게 해 달라고 요청했고, 쿰붐 사원으로 파견된 군대가 그를 데리고 오리라고 확신한 준가르측은 제7대의 귀환을 확신시켜 주었다. 그러나 얼마 지나지 않아 쿰붐으로 갔던 준가르 군대가 청군에 패배했고 달라이 라마의 귀환이 불가능하다는 소식이 전해졌다. 이렇게 되자 라싸 시민들은 준가르 군대를 불신하게 되었고, 불만은 그들의 무절제한 약탈과 파괴로 인해 더욱 커져 갔다.

강희제는 지금이야말로 자신이 개입할 때라고 판단했다. 그는 사천 지역에 주둔하던 청군에게 라싸로 진격하라는 명령을 내리는 한편, 청해 지역에 있던 또 다른 군대에게는 쿰붐 사원에 보호하고 있던 제7대 달라이 라마를 데리고 남진하여 그들과 합류하도록 했다. 이렇게 되자 티베트인들의 지원조차 받지 못하는 처지가 된 준가르 군대는 퇴각할 수밖에 없었고, 제7대를 데리고 온 청군은 1720년 가을 시민들의 환영을 받으며 당당하게 라싸에 입성하게 된 것이다.

이 사건은 티베트가 청나라의 '보호'를 받게 된 결정적인 계기가 되었다. 그러나 이후 청조는 라싸에 한두 명의 대신과 소수의 군대를 남겨 두고 중요한 문제에 대한 감독권을 행사하긴 했지만, 중국 내지의 다른 지역처럼 성(省)으로 편입시키고 주(州)나 현(縣)으로 나누어 직접적인 통치를 실시하지는 않았다. 청의 티베트 지배는 대체로 형식적이었고 라싸에 주둔한 관리와 군대는 상징적인 존재에 불과했다. 더구나 18세기 말부터 중국은 내적인 반란과 외국 열강들의 침략을 받게 되면서 티베트에 대한 영향력을 거의 상실하기에 이르렀다. 심지어 티베트가 외적의 침입을 받아 위기에 처하여 청나라에 지원을 요청했는데도 거기에 응하지 못할 정도였다.

양측의 이러한 관계를 생각해 볼 때 티베트인들 자신이 청나라의 '지배'를 받았다고 생각할 리는 만무했다. 청나라 황제가 라싸에 대신을 파견하고 티베트에서 벌어지는 중요한 사항에 대해 보고를 받은 것은 사실이지만, 그와 달라이 라마 사이의 관계에 대해 티베트인들은 종교적 지도자와 세속적 후원자의 관계 정도로 이해했을 뿐이다. 따라서 청나라가 무너지고 황제와 달라이 라마와의 특수한 관계마저 소멸되자 티베트가 중국으로부터의 완전한 독립을 주장하게 된 것은 당연했다. 그러나 중국의 입장은 그렇지 않았다. 국민당이건 공산당이건 가릴 것 없이 티베트가 원대 이래로 중국의 일부였기 때문에 청나라가 무너졌다고 해도 달라질 것은 아무것도 없다고 주장한 것이다.

이처럼 티베트와 중국의 상이한 입장은 갈등과 충돌을 낳을 수밖에 없었다. 무력을 써서라도 자신의 입장을 관철하려고 한 중국에 대해 티베트인들은 끈질기게 저항했고, 그것은 결국 1959년 제14대 달라이 라마의 망명으로까지 이어지게 된 것이다.

수난의 시작

달라이 라마의 망명은 신중국 정부를 매우 난처한 처지에 빠뜨렸음이 분명하다. 왜냐하면 중공측은 티베트가 중국의 불가분할적 일부이며 티베트 인민들이 '자발적으로' 혁명에 동참했다고 주장해 왔기 때문이다. 그러나 1959년 포탈라 궁 앞에서 벌어진 대대적인 시위는 그러한 주장을 무색케 했다. 중국은 이 시위가 '반동적인 지주계급'의 선동에 의한 것이며, 사실상 티베트 인민 대다수는 그들을 증오하고 반대한다고 선전했다. 라싸에서는 곧 봉건지주들을 비판하기 위한 시위가 조직되었고, 중국 정부가 달라이 라마를 대신해서 새로운 종교적 지도자로 내세운 판첸 라마도 거기에 참가했다.

한편 불교 교단에 대한 탄압이 시작되었다. 승려들은 도로나 댐 건설에 동원되었고 이에 반대한 사원들은 폐쇄되었다. 중국측의 통계에 따른다고 해도 1958년 11만 명을 넘던 승려의 숫자가 1960년에는 1만 8000명으로 급격히 감소했다. 정상적인 기능을 하는 사원의 숫자 역시 2711개에서 370개로 줄었다. 탄압의 대상은 사원과 승려에만 국한되지 않았다. '조국에 대한 반역죄'를 저지르는 수많은 사람들이 투옥되거나 집단캠프에 수용되었다. 당시 투옥되었던 사람들의 증언은 그 곳에서의 생활이 육체적으로뿐만 아니라 정신적으로 얼마나 고통스러웠는가를 말해 주고 있다. 매일같이 계속되는 자아비판과 상호감시는 개인의 자존심과 존엄성을 완전히 파괴해 버렸고, 일거수 일투족을 감시받으며 불안한 생활을 해야 했던 그들은 감독관이나 간수들의 눈에서 벗어나지 않기 위해 동료를 감시하고 고발하며 끝없는 긴장상태를 유지해야 했다고 한다.

1966년 문화대혁명은 또 다른 수난의 시작을 알렸다. 그 해 여름, 북경과 성도를 출발한 수천 명의 홍위병(紅衛兵)들이 라싸로 몰려갔다. 8월 말부터는 본격적인 파괴가 시작되었다. 홍위병들은 라싸의 조캉 사원에 들어가 벽화를 긁어 내고 불경을 불태웠다. 수백 년 동안 보존되어 오던 귀한 보물들은 트럭에 실려 중국 본토로 수송되었다. 조캉 사원만이 아니었다. 노르부링카 궁전이나 라모체 사원도 마찬가지였다. 라싸 시내에는 모택동의 초상이 곳곳에 붙여졌고 그의 어록 수만 부가 배포되었다.

정치적 탄압, 경제적 어려움, 집단적 광기, 정신적 황폐화. 이것이 당시 티베트의 현실이었다. 1968년 라싸 서북방의 니에모(Nyemo)에서 시작되어 여러 곳으로 확산된 반란은 신강에 주둔하던 인민군이 진주함으로써 진압되었고, 반란의 주동자들은 공개적으로 처형되었다. 이렇게 해서 문화혁명이 끝난 뒤 티베트의 인구는 엄청난 감소를 나타냈다. 1984년 티베트 망명정부가 발표한 보고에 의하면 17만 명 이상이 감옥과 캠프에서 사망했으며, 중공군의 침입과 티베트 점령 이후 사망한 숫자는 120만 명에 이르고 그 대부분은 1950년에서 1965년 사이에 죽었다고 한다. 처형, 기아, 고문, 자살에 의한 것이다. 어림잡아 티베트인 서너 명 가운데 한 명이 죽은 셈이었다. 한때는 라싸 시내에서 티베트 남자들의 모습을 찾아보기도 힘들 정도였다고 한다.

실현되지 않은 비원(悲願)

문화혁명이 끝난 직후 망명 중이던 달라이 라마는 티베트 문제에 대한 국제적 관심을 환기시키기 위해 적극적인 활동을 벌이기 시작했다. 그는 1979년부터 여러 나라를 순방하며 해외의 지도자들을 만나 티베트의 입장을 설명했다. 내가 그를 본 것도 1981년, 그가 미국 방문길에 하버드 대학에 들러 강연했을 때다. 이 글을 쓰면서 나는 우연히 17년 전 대학신문에 난 기사를 스크랩해 두었던 것을 찾아 내었다. 이 기사에 의하면 그는 7~8월에 걸친 미국 방문 기간 동안 여러 도시와 대학을 다니며 티베트 불교의 가르침을 소개했고, 위스콘신 대학에서는 여태까지 서구에 한 번도 소개된 적이 없는 난해한 밀교 경전인 『칼라차크라』를 강해했는데 1200명의 청중이 운집했었다고 한다.

하버드에서의 강연 제목은 '보편적 자비'였다. 일찌감치 강연장에 간 나는 상당히 앞자리를 차지할 수 있었고 그의 강연을 경청했다. 그는 간결하면서도 정확한 영어로 불교 교리의 핵심을 쉽게 이야기했고, 청중들은 한 마디라도 놓칠세라 숨을 죽이며 귀를 기울이는 모습이었다. 특히 내게 인상적이었던 것은 나지막하면서도 주위를 감싸는 듯한 울림을 지닌 그의 목소리였다. 그러나 붉은 가사를 걸치고 한쪽 어깨를 내놓은 채 연단에 차분히 앉아서 안경 너머로 청중들을 바라보는 그의 눈매는 날카로웠다. 그는 간간히 유머를 섞어 가며 자연스럽게 웃음을 유도하기도 하고 때로는 손으로 제스처를 쓰며 자신의 논점을 강조하기도 했다.

국제사회의 관심을 제고시키려는 그의 이러한 노력은 그 후에도 계속되었다. 예를 들어 1987년 미국을 다시 방문한 그는 의회 인권위원회에서 중국 정부에게 대화를 촉구하는 '5개조 평화안'을 내놓았고, 1988년 유럽의회에서는 '스트라스부르 제안'이라고 알려진 놀라운 평화 방

중국에서는 달라이 라마의 사진을 휴대하는 것이 금지되어 있다. 농부의 거친 손 안에 들려 있는
조그만 그의 사진은 우리에게 무엇을 말해 주는가?

안을 내놓았다. 이 제안의 내용은 중국측이 주장하는 것처럼 티베트에 대한 중국의 주권을 인정하되 티베트의 진정한 자치권과 정치적 민주주의를 보장하라는 것이었다. 즉 중국이 홍콩이나 대만에 대해서 주장하듯 '1국가 2체제'를 티베트에 대해서도 적용하라는 것이었다.

달라이 라마의 스트라스부르 제안에 대해 서구 사회는 대대적인 환영의 뜻을 나타냈다. 대화에 가장 큰 걸림돌인 '티베트에 대한 중국의 주권'을 인정했기 때문이었다. 그러나 정작 중국의 입장은 달랐다. 중국 정부는 제안에 담긴 궁극적 의도가 티베트의 독립을 끝까지 포기하지 않으려는 것이라고 하며 이에 대한 거부 의사를 분명히 했고, 달라이 라마의 '무조건적인' 귀국을 요구했다. 티베트인들의 입장도 찬성 일변도는 아니었다. 티베트의 독립을 위해 싸워 온 수많은 투사들은 달라이 라마의 제안에 일종의 배신감마저 느꼈다.

결국 달라이 라마의 이러한 노력에도 불구하고 티베트의 정치적 지위에는 아무런 변화도 생기지 않았다. 오히려 더 악화되기만 했다. 1988년 8월 라싸에서는 라마승들이 바코르 거리에서 시위를 벌이는 사건이 터졌고, 9월에도 중요한 사원의 승려들이 모여서 행진을 벌였다. 이들은 '달라이 라마의 도당'으로 낙인찍혀 모두 체포되었다. 시위는 그 해 겨울과 그 다음 해 봄까지 계속되었다. 군대가 발포하여 사상자가 생겼고, 티베트인들은 한족의 상점들을 약탈하여 불태웠다. 결국 1989년 3월에 계엄령이 선포되고 말았다.

바로 그 해 달라이 라마에 대한 노벨 평화상 수상이 발표되었다. 중국과 티베트 어디에서도 환영받지 못한 평화 제안이 그에게 노벨상을 가져다 주었다는 것은 역설적이기까지 하다. 그의 제안은 중국의 입장에서 볼 때 너무 많은 것을 요구하고 있고, 티베트인들의 입장에서는 너무나 많은 것을 양보한 것으로 비쳤다. 그러나 그는 티베트의 독립을 무력을 통해 쟁취하려고 할 경우 얼마나 많은 동족들이 희생되어야 할지를 잘 알고 있었다. 그래서 비폭력의 방법을 택한 것이다. 그는 노벨상 수상 연설에서 이렇게 말했다.

과거 40여 년에 걸친 점령 기간 동안 우리 민족이 받은 고난은 기록으로 남아 있습니다. 그것은 길고 고통스러운 투쟁이었습니다. 진리는 우리 티베트인들에게 있다고 생각합니다. 폭력은 또 다른 폭력과 고통을 낳는 것이므로 우리의 투쟁은 비폭력을 견지하고 있으며, 증오심과는 관계 없는 것입니다. 우리 민족이 고통에서 벗어나기 위해 결코 다른 민족에게 해를 끼치려는 것은 아닙니다.

바코르 거리를 맨발로 배회하며 구걸하는 어린 아이들에게, 조캉 사원 앞에서 온종일 오체투지로 절을 하는 신도들의 간절한 마음에, 중국 정부에 저항했다가 투옥되고 고문당하는 사람들의 피눈물에 대해 그의 이 말은 무엇을 의미하는가. 모든 것을 빼앗긴 채 실현되지 않은 간절한 소망을 품고 살아가는 그들과 자기 자신에게 하는 다짐, 인간이 간직해야 할 마지막 고귀한 정신만은 지키자는 다짐일지도 모른다.

2장
청진(清眞)의
세계

조선족 작가 한락연(韓樂然)의 1946년 작(作), 「회교 지도자」(回敎阿訇).
회족의 종교 지도자인 아홍의 모습을 담고 있다.

살아 있는 이슬람

비행기가 서안공항의 활주로를 타고 미끄러지듯 내려앉았다.
약속된 회의 개최 날짜보다 이틀이나 늦었기 때문에
나는 약간 조바심을 내며 트랩에서 내려왔다.
공항 터미널은 생각보다 초라했다.
아니 터미널이라는 말이 어울리지 않을 지경이었다.
마치 시골의 기차역과 같이 허름한 건물 안에는
고무벨트가 돌아가고 있었다.
짐을 찾아 문도 없이 뻥 뚫린 출구에서 나오니 바로 큰길이었다.

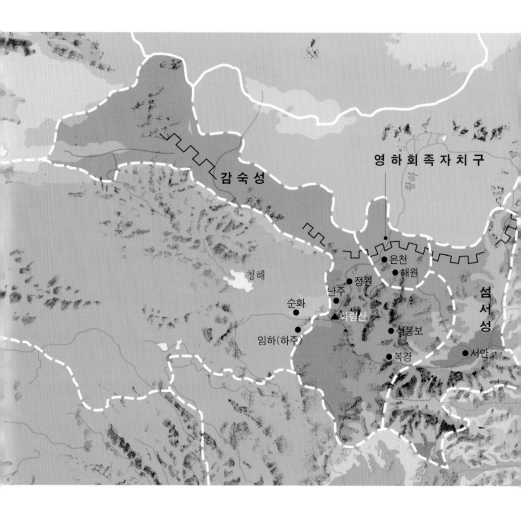

영 하 회 족 자 치 구

감 숙 성

청해

순화

임하(하주)

난주

정원

은천

해원

▲화림산

섞봉보

복강

섬 서 성

●서안

성지 멕카를 순례하기 위해 모여든 사람들이 그 근교 아라파트 언덕
주변에 무리지어 천막을 친 모습

그 때 나는 내 눈을 의심하지 않을 수 없었다. 백모(白帽)를 쓴 수백 아니 1000명도 넘음직한 군중이 운집해 있었던 것이다. 혹시 우리 일행을 환영하러 나온 것은 아니겠지 하면서 가만히 살펴보니, 그들은 분명 나와 같은 비행기로 온 누군가를 마중 나온 것이었다. 갑자기 와— 하는 함성이 터져 나오고 사람들은 한쪽으로 몰려가기 시작했다. 그 곳으로 눈을 돌려 보니 군중들이 한 아이를 목마 태우면서 손을 높이 치켜들고 열광하고 있는 것이 아닌가. 영문을 모르는 나는 옆에 있는 역시 흰 모자를 쓴 남자에게 물어 보았다.

"저 아이는 누굽니까?"

그는 이상하다는 눈초리로 나를 힐끔 훑은 뒤 퉁명스럽게 내뱉었다.

"핫지에서 돌아오는 아홍(阿訇)의 아들이오."

"누구요?"

언뜻 알아듣지 못한 나는 되물었다.

"이 곳에서 제일 큰 청진사(淸眞寺) 이맘의 아들이라니까."

핫지에서 돌아오는 아홍의 아들이라. '핫지'(hajj)는 이슬람의 성지인 멕카로 순례를 다녀오는 것을 말하고, 아홍은 무슬림들의 종교지도자를 칭한다. 청진사는 비록 '사'(寺)라는 말이 붙어 있지만 불교사원이 아니라 중국에서 이슬람교 사원인 모스크를 부를 때 쓰는 말이다. 핫지의 중요성을 몰랐던 바는 아니지만 순례자들을 맞이하는 그들의 눈빛이 그토록 열렬하리라고는 상상하지 못했다. 아홍의 아들을 목마태우고 행가래치는 사람들의 표정은 어떤 고위인사를 마중하러 나온 사람들에게서 볼 수 있는 겉치레 형식적인 것이 결코 아니었다. 그들의 얼굴은 진정한 기쁨을 감추지 못하고 있었다. 무엇이 이들에게 저러한 환희를 가져다 주는 것일까. 그것은 그들이 믿는 종교 이슬람이 있기 때문이었다.

그로부터 8년 뒤, 감숙성의 수도인 난주(蘭川)를 방문한 나는 서안에서 느꼈던 것과는 또 다른 모습을 회족 어느 아홍에게서 발견했다. 비록 짧은 일정이었지만 나는 동관(東關)에 있는 청진사를 찾아보기로 마음먹고 길을 나섰다. 그 곳에 이르는 거리는 공사로 인해 온통 난장판이었다. 가뜩이나 교통이 어수선한 곳에 길바닥의 반이 파이고 철골이 온 사방 널려 있어, 보행자와 자전거와 자동차가 뒤범벅이 되어 있었다. 나는 땀을 뻘뻘 흘리며 청진사 안으로 들어갔다.

그 안의 세계는 바깥과는 너무나 대조적이었다. 넓게 펼쳐진 마당은 한가로웠고 그 위를 내리쬐는 햇살조차 다소곳이 느껴졌다. 전면에 자리잡은 본당 건물은 중동이나 중앙아시아에 있는 모스크와는 전혀 다른 양식으로, 마치 고졸한 품위를 지닌 한옥과 같은 모습이었다. 그 서

난주의 동관 청진사 안뜰의 모습. 바닥에 내리쬐는 뜨거운 햇볕마저 고즈넉하게 느껴진다.

늘한 그늘에서 머리를 빡빡 깎고 백모를 쓴 학동들이 몸을 흔들며 아랍어로 된 교본을 읽고 있었다. 그 모습이 귀엽기도 하여 다가가서 무슨 책을 읽는가 내려다보니, 그 녀석은 되레 신기한 듯이 나를 올려다본다. 얼굴에는 땟국이 흐르지만 그 눈망울은 말할 수 없이 맑아 보였다. 청진사 문을 나서며 마중 나온 아홍에게 고맙다고 인사를 하자, 그는 두꺼운 안경 너머로 눈가에 잔잔한 웃음을 지어 보이며 손을 흔들어 주었다.

청진사를 나서서 차에 오른 나는 조금 전에 본 학동과 아홍의 눈을 쉽게 잊을 수 없었다. 그 눈에서 내가 발견한 것은 무엇인가. 그것은 평화였다. 자신들의 종교를 변호하는 어떤 큰 목소리나 주장보다도 그것은 힘있게 느껴졌다. 참된 신앙인에게서 드물게 볼 수 있는 안온한 평화. 이슬람이라는 종교는 그것을 그들에게 선물로 준 것이다.

그러나 얼마 전에 읽은 장승지(張承志)라는 한 중국 작가의 글은 내게 이슬람의 또 다른 모습을 보여 주었다. 그는 1983년 난주에서 일어난 한 사건을 전해 준다. 흰 모자를 쓴 수백 명의 노인들이 난주의 도수평(桃樹坪)이라는 곳에 모여들었다. 그들은 차례로 흰 천을 펴서 땅에 덮어 놓기 시작했고 그 더미는 곧 작은 언덕을 이루었다. 그리고 그들은 하얗게 센 수염을 날리면서 바닥에 꿇어앉아 기도를 올리기 시작했다. 그 곳은 그들이 성자로 여기는 한 순교자가 묻혀 있는 곳이었다. 난주의 도시개발로 인해 그의 무덤이 파헤쳐질 위험에 처하자 그것을 저지하기 위해 농촌과 도시에서 몰려든 것이다. 갑작스런 사태에 놀란 정부는 대표를 보내 그들과 협상을 하기 시작했다. 협상 대표로 나선 한 아홍은 신앙문제로 20년 넘게 감옥생활을 한 사람이었다. 그의 요구는 간단했다. 마명심의 묘지를 돌려 달라, 그러지 않으면 지금부터 죽을 때까지 자리를 뜨지 않겠다는 것이었다. 결국 정부는 그들의 요구를 받아들일 수밖에 없었다.

장승지는 이 사건에 대해 "중국에서 모든 종교의 부흥을 알리는 시작"이라고 역사적 측면에서의 평가를 내렸다. 그러나 그 사건은 내게 또 다른 사실을 말해 주는 듯하다. 그것은 회족들이 품고 있는 비통함과 분노다. 그들은 왜 이런 느낌을 갖게 된 것일까. 무엇 때문에 목숨을 던져서까지 한 사람의 무덤을 지키려 했을까. 그것은 거기에 묻힌 사람이 바로 순교자이고, 그의 순교는 회족들의 고난에 찬 역사를 상징적으로 말해 주고 있기 때문이다.

이슬람은 중국의 회족에게 여러 가지 다른 모습으로 표현된다. 서안에서 본 환희와 열광이 그 하나요, 난주의 청진사에서 내가 느낀 평화와 경건이 또 그러하다. 그러나 종교가 인간의 가장 깊은 내면으로까지 파고들어 그 영혼을 정복하는 힘은 순교자의 죽음에서 나오는 것이

회족 아홍들

다. 기독교가 2000년이 지난 오늘도 생명력을 갖는 것은 다른 사람의 죄를 대속(代贖)하기 위해 자신을 던진 예수의 죽음, 그 뒤를 따라 순교의 길을 택한 수많은 사람들이 흘린 피가 있기 때문이다.

　먼지 가득한 길거리에서 냉차를 파는 아주머니, 예배시간에 맞추어 청진사로 뛰어가는 아이들, 도수 높은 안경을 쓰고 몇 오라기 수염을 날리며 『꾸란』을 읽고 있는 아홍. 이들에게 이슬람은 엄연히 살아 있는 종교이다. 그것은 지난 200년 동안 순교자의 길을 걸었던 조상들이 있기 때문이다. 그들도 필요하다면 언제라도 그 길을 뒤따를 것이다. 무엇 때문에 그들이 죽어야 했고 또 그 죽음이 어떻게 오늘의 회족들을 살게 만드는가를 알기 위해, 우리는 순교자들의 눈물과 피로 얼룩진 역사의 첫 페이지를 열어 보아야 할 것이다.

마명심의 죽음

마명심은 1719년 하주(河州 ; 현재의 임하臨夏)에서 태어났다. 이슬람식으로는 '무함마드 아민'이라는 이름을 가졌다. 한 해 앞서 그의 아버지가 죽었으니 유복자인 셈이다. 그가 아직 어렸을 때 어머니와 할아버지도 세상을 떠났다. 그가 의탁할 수 있는 사람은 오로지 숙부밖에 없었으나 가난에 찌들어 있기는 그 역시 마찬가지였다. 숙부는 호구지책을 마련하기 위해 하주에 있는 청진사에 청소부로 들어갔고, 당시 6세이던 마명심은 그를 따라 청진사를 오가며 아랍어를 배우기 시작했다.

9세 되던 해 그는 숙부와 함께 멕카로 성지순례를 떠나기로 결심했다. 지금도 멕카를 다녀오는 것이 쉬운 일이 아닌데, 돈도 없는 이 두 사람의 행색이야 어떠했겠는가. 그들은 중앙아시아를 통과하는 옛 실크로드를 따라가다가 도중에 사막에서 모래폭풍을 만나 서로 헤어지게 되었다. 숙부는 죽었겠지만 마명심은 다행히 한 노인에 의해 구출되어, 부하라에 있는 어떤 이슬람 교단에 맡겨졌다. 그의 품성과 신심을 높이 산 교단의 장로는 그를 매우 아끼게 되었고, 결국 마명심은 그를 따라 다시 성지순례의 길에 오르게 된다.

멕카를 순례한 그는 이슬람의 교리를 더 공부하기 위해 예멘의 자비드(Zabid)라는 도시에 위치한 한 교단에 들어가, 그 교단의 제7대 장로인 압둘 할리크(Abdul Khaliq)의 지도를 받게 된다. 그는 10여 년을 그 곳에 머물며 명망 있는 여러 스승들에게 가르침을 받기도 하고 멕카를 11차례나 다녀오기도 했다. 1744년, 그는 고국으로 돌아가기 싫

없지만 중국으로 가서 새로운 가르침을 전파하라는 스승의 간곡한 권유를 받아들여 귀국길에 올랐다. 이 때 그의 스승은 이렇게 말했다고 한다. "너는 이제 내 뒤를 이은 제8대 장로다. 나는 여기서 또 다른 후계자를 두지 않을 것이다." 이 일화는 마명심이 중국에 돌아온 뒤 개창한 교단에 전해지는 이야기이다. 그렇기 때문에 그들은 자기 교단이 "뿌리는 아라비아에 있고, 가지는 중국에 있다"라고 말한다.

중국에 돌아온 그는 당시 기존 교단에 대한 비판의 목소리를 높였다. 우선 예배시 의식을 간소화하기 위해 16번 절하는 것을 10번으로 줄여야 된다고 주장했다. 신도들이 바치는 헌금은 가난한 사람을 위해 써야지 아홍 개인을 위해 쓰여서는 안 되며, 커다란 청진사를 짓기 위해 공사를 일으키는 것도 반대했다. 또한 교단의 장로직은 신실하고 현명한 사람에게 물려주어야 한다고 하면서 자기 자식에게 넘겨 주는 관행을 비판하기도 했다. 그의 이 같은 주장에 많은 사람들이 동조했고 기존 교단에 속했던 신도들도 그를 추종하기 시작했다. 이에 특히 타격을 받은 것은 감숙과 청해 지역에 최대의 교세를 자랑하던 '화사'(花寺)라는 이름의 교단이었다.

그러나 마명심의 가르침 가운데 기존 교단과 가장 큰 차이를 보인 부분은 '디크르'(dhikr)라는 것이었다. 디크르란 문자 그대로 '염'(念)을 뜻하는 아랍어이다. 즉 절대신 알라를 '생각한다'는 것이다. 이것은 특히 '수피'(sufi)라고 불린 이슬람교의 신비주의자들에게 강조되는 것으로, 절대자와의 신비적인 합일을 이루기 위해 사용되는 방법이다. 대부분의 신비주의 교단은 디크르를 할 때 소리를 내지 않거나 입 속으로만 나지막하게 중얼거리는 방법을 올바른 것이라고 생각했다. 그러나 일부 교단에서는 입 밖으로 큰 소리를 내는 방식을 채택했다. 아랍어로는 전자를 '디크리 하피'(묵념默念)라고 하고 후자를 '디크리 자흐르'(고념高念)라고 한다. 이 디크리 자흐르에도 여러 가지 방법이 있는데, 예를 들어 뱃속에서부터 끓어서 올라오는 듯한 허스키한 음성으로 '알라!'를 반복하여 마치 톱으로 무엇을 써는 소리와 비슷하다고 해서 '디크리 아라'('아라'는 톱을 뜻함)라는 것도 있다. 마명심은 이러한 '디크리 자흐르'를 주장했고, 그를 추종하는 사람들을 '자흐리'(Jahri)라고 부르는 이유도 여기에 있다.

그러나 기존 교단의 개혁을 부르짖는 그의 목소리에 사람들이 귀를 기울인 것은, 그가 오랜 세월 이슬람의 본거지인 아라비아에서 공부해서 얻은 높은 학식이나 빈궁한 사람들의 이해를 대변하는 이타주의적 교리, 혹은 남과는 색다른 디크르를 주장했기 때문만은 아니었다. 그는 고행과 금욕을 통해 절대자의 '벗'이 되려는 수피(이슬람 신비주의자)로서의 본연의 모습을 보여 주었다. 언제나 부인이 손수 짜 준 거친 마포옷을 걸치고 가난한 사람들의 거처인 요동(窯洞 : 산기슭과 같은 곳에 동굴을 파서 만든 집)에 살았다. 바로 이러한 그의 소박한 모습이 감화력을 발휘한 것이다.

그의 교세가 날로 커 가자 화사 교단과 자흐리 교단의 충돌은 불가피해졌다. 처음에는 청나라 지방관에게 고발하여 상대방을 유배보내게 한다든가, 아니면 패싸움을 벌여 몇 명을 죽이기도 했다. 청조도 토착민들끼리의 문제라고 하여 개입하지 않는 입장을 취했다. 청조는 신흥교단 자흐리파를 신교(新敎)라고 부르고 화사파를 비롯한 기존 교단을 구교(舊敎)라고 하여 구별했다. 그런데 충돌의 규모가 점점 더 커지고 사상자의 숫자도 많아지자 청조도 중립을 지키기 어렵게 되었다. 그러다가 1781년 화사 교단측에서 난주 총독을 회유하는 데 성공했고, 총독은 군대를 보내 자흐리파를 토멸키로 했다. 우연히 이 정보를 접한 자흐리파로서는 선택의 여지가 없었다. 그 해 봄 결국 총독이 보낸 장군을 급습하여 살해했고, 이로써 교파간의 분쟁이 청나라에 대한 반란으로 비화된 것이다.

두 파의 충돌과 반란에 이르는 과정에서 주도적인 역할을 한 사람은 사실 마명심이 아니라, 그의 추종자인 소사십삼(蘇四十三)이라는 인물이었다. 그러나 하주가 함락되자 다급해진 청 정부는 마명심을 잡아들였고, 이 소식이 전해지자 소사십삼과 마명심의 딸 살리마(色力買)가 그를 구출하기 위해 교도들을 이끌고 난주로 향했다. 그들이 떠난 뒤 고향인 순화(循化)에 남아 있던 반군의 가족들은 아무런 보호도 받을 수 없는 처지가 되었고, 이 틈을 이용한 청군의 공격을 받아 거의 몰살되는 참극이 벌어졌다. 그 소식도 모른 채 난주에 도착하여 성을 포위한 반란군의 숫자는 4000여 명. 소수의 수비병력밖에 없던 난주는 언제 함락될지 모르는 상황이었다.

위기에 몰린 수비대장은 마명심을 성벽 위로 끌고 올라가, 반군이 집으로 돌아가도록 설득하라고 그를 윽박질렀다. 마명심의 모습을 본 그들은 일제히 말에서 내려 땅에 엎드리고는, '성인이시여!' 하면서 눈물을 쏟았다고 한다. 모두들 그와 함께가 아니라면 돌아가지 않겠다고 했다. 이를 본 마명심은 『꾸란』의 한 구절을 읽은 뒤 늘 짚고 다니던 지팡이와 머리에 둘러쓰던 흰색 터번을 풀어서 성벽 아래로 던지며, "이것을 갖고 빨리 돌아가라! 이 지팡이를 보면 나를 보는 것이다!"라고 했다. 그러나 이를 본 반군이 더욱 격앙된 감정으로 성을 공격하자, 수비대장은 그들과 협상하여 열흘 뒤 그를 풀어 주겠다고 약속했다.

그러나 이는 사실 지원군이 올 때까지 시간을 벌기 위한 계책일 뿐이었다. 마명심은 성벽에서 끌려내려와 그 길로 처형되고 말았다. 청의 원군은 바로 그 다음 날 도착했고 반군과의 교전이 시작되었다. 마명심의 딸 살리마는 육박전 도중에 죽임을 당했고, 반군들은 수적인 열세에 몰려 난주 서남쪽에 있는 화림산(華林山)으로 근거지를 옮길 수밖에 없었다.

그들의 저항은 완강했다. 쉽게 진압되지 않자 건륭제(乾隆帝)는 아계(阿桂)라는 장군에게 진압을 위한 전권을 갖는 흠차대신(欽次大臣)으로 임명하여 파견했다. 군대는 각지에서 차출되어 왔고 2만 명을 상회하는 진압군이 편성되었다. 그러나 그들은 몇 달이 지나도록 적의 근거지에 접근할 수 없었다. "죽어도 천국에 갈 테니 궁지에 몰리면 황하에 뛰어들겠다"는 비장한 각오가 청군에 보고될 정도였다. 결국 청군은 물길을 차단하여 반군이 물을 구할 수 없도록 하는 방법을 생각해 냈다. 궁지에 몰린 반군이 적의 포위망을 뚫기 위해 절망적인 전투를 벌였지만 실패로 돌아갔고 지도자 소사십삼도 전사하고 말았다. 뒤이어 청군은 반군의 마지막 거점인 화림사(華林寺)로 밀고 들어갔고, 그 곳에 남아 있던 소수의 교도들은 끝까지 저항했다. 화살이 떨어진 사람은 돌을 집어 들고 덤벼들었다고 한다. 결국 중상을 입은 60여 명의 교도들만 포로가 되었을 뿐 모두 전사하고 말았다. 투항자는 한 명도 없었다.

일단 반란을 진압한 청조는 지상에서 자흐리 교단의 흔적을 없애 버리려는 듯 그 추종자의 가족들을 솎아 내기 시작했다. 순화 지구에 있던 자흐리파 남자들은 모두 살해되었고, 부녀자는 노예로 팔렸으며, 남자 아이들은 멀리 운남으로 유배되었다. 산으로 도망친 사람들 중에는 동사, 아사한 사람들도 부지기수였다. 진압 과정을 기록한 청 측 공식문헌인 『난주기략』(蘭州紀略)에 밝혀진 사망자만 해도 8000명이었다.

마명심의 가족도 예외는 아니었다. 두 아들이 있었는데 모두 중국에서 가장 남쪽에 있는 운남(雲南)으로 유배갔다. 작은아들은 목적지에 도착하기도 전에 8세의 어린 나이에 병으로 죽고, 큰아들은 후일 마명심의 제자가 탈출시켰다. 부인 장씨(張氏)는 관가의 노비가 되었다가 무슬림이 가장 혐오하는 돼지를 잡아 요리하도록 강요당하자 그 길로

회족반란을 진압하고 준가르를 패망시켰으며 위구르족까지 병합함으로써 청 제국의
최대 판도를 완성시킨 건륭제의 초상

칼을 들고 주인 집 사람들을 살해하는 바람에 처형되고 말았다. 세 딸 모두 타향에 노비로 끌려갔는데, 그 중 하나는 강물에 몸을 던져 스스로 목숨을 끊고 말았다. 마명심을 풀어 주겠다고 거짓약속을 한 청의 장군은 그의 죽음이 알려질까 두려워 시신을 관청의 마구간 옆에 은밀히 묻었다가 곧 다른 곳으로 옮겼다. 용케도 어떤 노인이 그 곳을 알아내 몰래 시신을 수습해서 자기 조부의 묘지에 합장시켰다. 그 후 여러 우여곡절 끝에 난주의 도수평으로 이장되었으니, 그 곳이 바로 앞에서 말한 1983년의 항의시위가 벌어진 장소다.

이렇게 해서 마명심과 그를 따르던 수많은 교도들의 피로 얼룩진 자흐리 교단 순교 역사의 1막이 내려졌다. 그러나 그것은 시작에 불과할 뿐이었다. 교단의 뿌리를 뽑으려던 관군을 피해 산으로 들로 도망쳤던 사람들이 다시 모여들었고, 그들은 스승과 동료와 가족들이 흘린 피에 대해 통한의 눈물을 흘리며 복수의 칼을 다시 빼어들 수밖에 없었다.

이슬람에서의 순교

마명심이 죽은 뒤 그는 '샤히드'(shahid)라고 불리게 되었다. 순교 자라는 뜻이다. 여기서 우리는 잠깐 이슬람에서 순교라는 것이 무엇을 의미하는지 살펴볼 필요가 있다. 왜냐하면 이슬람에서의 순교란 기독교의 경우와 상당한 차이가 있기 때문이다. 기독교의 순교라고 하면 우리는 흔히 콜로세움 경기장에 끌려나가 맹수의 밥이 되는 가련한 모습이나, 깜깜한 카타콤베에 숨어 있다가 로마 병정에게 잡혀 처형당하는 사람들을 떠올린다. 그것은 초기 기독교가 국가의 인정을 받지 못한 채 핍박과 탄압으로 점철되었기 때문이다. 그러나 이슬람의 경우는 달랐다. 초기 이슬람의 역사는 승리와 정복의 연속이었다. '알라후 아크바르'(신은 위대하다)를 외치며 아프리카를 점령하고 비잔티움 군대를 격파했으며 페르시아 제국을 무너뜨렸다. 거기서의 순교는 이슬람을 넓히기 위해 노력하다가 죽는 것을 의미했다.

이슬람은 신자들이 반드시 수행해야 할 가장 중요한 다섯 가지 의무를 요구하는데, 그 중 하나가 '샤하다'(shahada)이다. 이 말은 '증언하다'라는 뜻을 지닌 아랍어인데, 누구라도 이슬람 신자가 되기 위해서는 다른 것은 몰라도 "알라 이외에 신은 없고, 무함마드는 알라의 사도이다"라는 '증언'을 스스로의 입으로 선포해야 한다. 순교자를 의미하는 샤히드라는 말도 바로 샤하다라는 단어의 파생어이니, 절대신을 위해 증언하는 자인 것이다. 또 다른 의무가 '지하드'(jihad)이다. 이

이슬람권의 유명한 성자 알 할라지(al-Hallaj : 922 사망)의 순교 장면을 묘사한 그림

말은 원래 '노력, 분투'를 뜻하나 흔히 '성전'(聖戰)이라는 뜻으로 옮겨진다. 그러한 성전을 하는 사람, 즉 '성전사'(聖戰士)를 무자히딘(mujahidin)이라고 부르고, 그가 성전을 하는 과정에서 목숨을 잃으면 순교자가 되는 것이다. 지금 신강에 있는 호탄이라는 도시는 과거 '순교자의 도시'라는 별명으로 불렸다. 그 이유는 원래 불교도의 근거지였던 그 도시를 함락하기 위해 많은 무슬림들이 전사했기 때문이다.

이처럼 기독교에서는 순교가 거부하기 힘든 엄청난 외부의 압력에 대해 자신의 신앙을 지키기 위해 안간힘을 쓰다가 죽는 것이었지만, 이슬람에서는 자신들의 종교를 확대하기 위해 성전을 벌이는 과정에서 죽는 것을 의미했다. 마명심의 추종자들도 청조에 대해 반란을 일으켰을 때 자신들의 행위를 성전이라고 생각했다. 마명심 자신은 무기를 들고 싸우지 않았지만, 그들은 마명심을 정신적 지도자로 추앙했고 자신들이 수행하는 성전에서 그가 빛나는 전사로서 가장 비장한 최후를 맞은 것으로 이해한 것이다.

그러나 그들이 수행한 성전은 초기 이슬람의 경우처럼 압도적인 군사력으로 다른 지역을 정복하는 전쟁이 아니었다. 그들이 싸워야 했던 상대는 거대한 청 제국이었지만, 마명심을 구출하기 위해 난주성을 포위한 자흐리 교단의 신도들은 고작해야 4000명에 불과했다. 그것은 승산 없는 싸움이었다. 그들이 청의 장군을 죽이고 성전의 기치를 올렸을 때 그것을 예상하지 못했을까. '알라가 도우신다'는 기대가 없지는 않았겠지만 그들도 바보가 아닌 이상 자신들의 최후는 예견했으리라. 그들의 성전이 패배와 죽음을 각오한 것이었기에 더 비극적이고, 후일 그들의 순교를 생각하는 사람들에게 더 깊은 통한을 남기는 것이다.

이슬람권에서 이런 형태의 순교를 말하면 누구나 후세인의 죽음을 떠올린다. 그는 예언자 무함마드의 사위이자 제4대 정통 칼리프였던 알리의 아들이다. 제3대 칼리프의 피살을 조사하는 과정에서 알리가 암살자들을 두둔하는 것이 아니냐는 의혹을 받게 되었고, 시리아 총독이 반대파를 규합하여 무력으로 대항하게 되었다. 상대편과의 협상을 모색하던 알리는 내부의 극단적인 일파에 의해 살해되고, 이로써 '우마이야'라 불리는 칼리프조의 시대가 열린다.

그러나 우마이야조의 초대 칼리프는 과거의 관행과는 달리 자기 아들에게 자리를 넘겨 주었기 때문에 격렬한 반대를 불러일으키게 되었다. 반대세력의 핵심은 알리를 추종하던 사람들이었고, 그들은 새 칼리프 야지드에 대해 반란을 일으켰다. 알리에게는 하산과 후세인이라는 두 아들이 있었다. 특히 후세인이 영특하여 그를 반란의 지도자로 모시기 위해 불러들였다. 그러나 반군은 패배했고 그들을 만나러 가던 후세인은 가족과 따르는 무리 72명과 함께 사막 한가운데에 고립되고 말았다. 그는 적과의 협상을 거부한 채 목이 타 들어가는 갈증 끝에 사망하고 말았다. 680년의 일이다. 그의 순교는 후일 이슬람에서 순니파

이슬람권에서 다섯 손가락을 펼친 모습은 신도들이 준수해야 할 다섯 가지 의무를 상징한다.
이것은 깃발 끝에 꽂아서 사용했던 것으로 보이며, 손바닥에는
시아파의 성자들인 12명 이맘들 이름이 새겨져 있다.

에 대립하는 시아파를 만들어 내는 단단한 초석이 되었다.

'시아'(shia)라는 말은 '당파'라는 뜻으로 원래는 '알리의 당파'라는 말을 줄여서 그렇게 부른 것이다. '순니'라는 말은 '길'을 뜻하는 '순 나'에서 나온 것으로 시아파에 동조하지 않는 대다수 무슬림들이 자신 들은 예언자가 제시한 길을 따르는 사람들이라고 하여 붙여진 것이다. 시아파에서는 알리에서 시작하여 후세인과 그 후손들로 이어지는 그 의 가문에 보통 인간들로서는 알 수 없는 절대자의 은밀한 지식이 전 해진다고 믿는다. 그들은 온 우주의 '축'(軸)과 같아서 그들이 없다면

삼라만상도 존재할 수 없다는 것이다. 알리에서 대를 이어 내려오는 후손들은 '이맘'(Imam)이라 불린다. 시아파는 다시 크게 둘로 갈라지는데, 하나는 제7대 이맘을 추종하는 교파이고 또 하나는 제12대 이맘을 추종하는 세력이다. 모두 자기들이 믿는 이맘이 인류 최후의 날에 '구원자'로 재림하기 위해 은신했다고 믿는다. 7대 이맘파에 속한 것이 바로 중세에 요인 암살로 악명이 높았던 '암살자단'이고, 오늘날에는 아가 칸(Agha Khan)을 지도자로 인도와 파키스탄 등지에 분포되어 있다. 12대 이맘파에는 현재 이란인들이 속하며 이라크에도 다수의 추종자가 있다.

그러나 7대 이맘파건 12대 이맘파건, 심지어 시아파가 아니라 순니파에 속하는 사람일지라도 후세인의 죽음은 각별한 의미로 받아들여진다. 그가 죽은 무하람(이슬람식 태양력으로 첫번째 달) 제10일이 되면 그를 기리는 행사가 벌어지며 이를 아슈라(Ashura)라고 부른다. 아슈라는 순니파가 다수를 이루는 지역에서도 기념되는 행사이다. 이 날이 되면 시아파 무슬림들은 머리를 쥐어뜯으며 비통과 회한의 눈물을 흘린다.

이란의 혁명도 실은 1978년 아슈라 기일(忌日)의 데모 행진이 분수령이 되었다. 그들의 눈에 샤 팔레비는 후세인을 참살한 폭군 야지드와 똑같은 인물로 비쳐졌다. 팔레비의 급진적인 근대화 정책은 이란인들의 종교적 심성을 무시하며 강행되었고, 이는 종교인들을 적으로 돌려 놓고 말았다. 날로 심해지는 빈부의 격차로 인해 소외된 계층의 불만도 터져 나오기 시작했다. 이러한 내적인 반대를 누르기 위해 비밀 경찰이 동원되면서 공포·정보 정치가 시작되었고, 미국은 중동에서 전략적 발판을 잃지 않으려고 팔레비 정권을 적극적으로 지원했다.

1978년의 아슈라 기일은 12월 11일이었다. 이 날 무려 200만 명이 테헤란의 거리를 행진하며 '샤에게 죽음을!'을 외쳐 댔고, 망명 중이

호메이니의 저주를 받고 지옥으로 떨어지는 팔레비가 성조기를 붙잡고 안간힘을
쓰고 있는 모습을 그린 캐리커처

던 호메이니는 격문을 보내 후세인의 피를 잊지 말라고 호소했다. 날이 갈수록 군중의 수가 늘어났고 급기야는 군대도 팔레비에게 등을 돌리기 시작했다. 대세가 기울었음을 깨달은 팔레비는 일가족과 함께 국외로 탈출했고, 그 다음 해 2월 1일 호메이니는 수백만 명이 열광하는 가운데 테헤란 공항에 내리게 된 것이다.

　이란혁명은 후세인이라는 한 사람의 순교자가 뿌린 피가 그 뒤 얼마나 많은 사람들의 감정을 격앙시켜 공룡같이 거대한 독재정권을 무너뜨릴 정도로 엄청난 힘을 갖고 있는가를 보여 주는 좋은 예이다. 그러나 나는 그것이 예언자의 손자인 후세인이기 때문에 꼭 그런 것이라고는 생각하지 않는다. 물론 그 점도 중요하다. 하지만 더 중요한 것은 그의 죽음이 고통과 억압에 찌든 사람들의 분노와 절망을 표상한다는 사실이다. 그의 죽음을 생각하며 그들은 더 깊이 분노하게 되고 거기서 자신의 목숨까지 희생할 각오를 하게 되는 것이다. 바로 마명심의 죽음이 그런 결과를 가져왔다.

플레처 교수

마명심을 생각할 때마다 나는 플레처(J. F. Fletcher, Jr., 1934~1984) 교수를 떠올린다. 그는 생애의 마지막 10년을 마명심을 연구하는 데 바쳤지만, 그 연구 결과를 발표하기도 전인 1984년 6월 14일 암으로 세상을 뜨고 말았다. 당시 박사논문을 준비 중이던 나는 결국 그의 지도를 받지 못한 채 쓸 수밖에 없었고, 논문을 완성한 뒤 그것을 그의 영전에 바쳤다.

내가 그를 처음 만난 것은 1980년 여름이었다. 유학생으로 처음 미국땅을 밟은 나는 전화로 그와 시간약속을 했다. 도서관 2층에 있던 그의 연구실을 찾아갔으나 약속보다 약간 일찍 왔기 때문에 건물 밖으로 나와 돌계단에 걸터앉아 기다리고 있었다. 얼마 안 있어 테 없는 안경에 금발을 한 깨끗하게 생긴 한 남자가 가방을 들고 오는 모습이 보였다. 나는 대학원생이려니 생각했다. 한 10분쯤 지난 뒤 2층으로 올라가 그의 방문을 두드리고 들어가 보니 방금 건물 앞에서 본 바로 그 남자가 아닌가. 당시 그의 나이가 46세였으니 지금 나보다 꼭 한 살이 더 많았던 셈이다. 그가 타계한 뒤 그를 추모하는 한 모임에서 누군가가 "그는 빛나는 왕자님 같았어요!"라고 한 말이 지금도 기억에 남는다. 그의 깨끗하고 핸섬한 용모 때문이었는지 그를 흠모하는 여자들도 많았다.

첫 만남 이후 그는 내게 러시아어부터 배우라고 권했다. 어느 정도 러시아어를 읽을 만하게 되니 다시 페르시아어를 하라고 요구했다. 그리고는 몽골어, 터키어, 위구르어. 이런 식으로 그가 내게 다양한 언어의 습득을 요구한 것은 물론 중앙아시아라는 독특한 지역을 공부하기 위해서 필요하기 때문이었을 것이다. 그 덕택에 나는 현지어로 된 자료들을 읽을 수 있게 되어 얼마나 고맙게 느끼는지 모른다.

배움의 길에 왕도(王道)가 없다고 한 어느 철인의 말도 있지만, 언어를 배우는 데에는 그야말로 왕도가 없다. 플레처 교수는 모국어인 영어를 빼고 14개국어 정도를 알고 있었다. 이미 대학에 들어오기 전에 독일어 · 프랑스어 · 라틴어 · 그리이스어를 배웠고, 대학에 들어온 뒤에는 러시아어·중국어·일본어·몽골어·만주어·티베트어, 그리고 고대·중세·현대 투르크어를 익혔다. 그리고 그가 마명심이라는 인물에 관심을 갖게 된 뒤부터는 다시 아랍어에 몰두했다.

언젠가 한 번은 그가 40세가 넘어서 아랍어를 배우는 고통이 어떠한지를 토로한 적이 있다. 독학에 한계를 느낀 그는 안식년을 얻어 1976년 카이로로 가서 1년 동안 집중적으로 아랍어를 공부했다. 아마 이 언어를 알지 못하는 사람들은 그 문법의 '변화무쌍함'이 어느 정도인지 모를 것이다.

아랍어를 배운 그는 수많은 아랍 문헌들을 뒤지기 시작했고, 천운인지 1977년 6월 9일 북예멘의 자비드라는 곳에서 마명심을 비롯한 중국 출신의 무슬림들이 그 곳의 한 교단에서 수학했음을 보여 주는 자료를 발견했다. 그는 이 자료를 통해 마명심이 속했던 교단의 계보와 그들의 이념적 주장을 확인할 수 있었다. 특히 앞에서 설명한 '디크리 자흐르', 즉 고념(高念)의 방법을 그들이 강조했음을 밝혀 냈다. 그 결과 18세기 중후반 세계 각지에서 일어난 '이슬람 부흥운동'이 이 교단과 연결되어 있음이 알려지게 되었다. 인도, 아라비아, 수마트라, 인도네시아 등지에 이슬람의 새로운 물결을 일으킨 장본인들이 직접·간접으로 그 영향을 받은 것이고, 마명심의 자흐리 운동도 그러한 커다란 구도 속에서 이해되어야 한다는 결론을 내릴 수 있게 되었다.

그가 세상을 뜨기 보름 전 나는 박사논문 자료를 수집하기 위해 해외로 여행을 떠났다. 떠나기 전 그가 입원해 있던 병실을 찾아갔다. 방사선 치료로 인해 금발은 거의 다 빠져 몇 오라기 남지 않은 백발의 노인이 되어 있었다. 미소년 같던 그의 얼굴에도 살이 다 없어지고 광대뼈가 불거져 나왔다. 그러나 그는 퀭한 눈으로 여전히 따스하게 웃으며 나를 맞아 주었다. 달아오르는 눈시울을 어쩌지 못한 채 그에게 하직인사를 올렸다. 그로부터 석달 뒤 나는 터키에서 만난 학자로부터 그의 사망소식을 접하게 되었다.

중앙아시아를 연구하는 여러 학자들은 그에게 무척 많은 것을 기대했었다. 그는 훌륭한 가문에서 태어난 명석한 두뇌의 소유자였을 뿐 아니라 엄격한 훈련을 받고 스스로 끊임없이 노력하는 학자였다. 그가 대학에서 공부할 때 그를 가르친 스승들은 해당 분야에서 최고의 권위자들이었다. 중동학의 프라이(R. Frye), 투르크학의 프리착(O. Pritsak), 몽골학의 클리브스(F. Cleaves). 그는 이 세 사람의 지식과 학맥을 고스란히 물려받았다. 젊은 나이에 하버드 대학에 교수로 발탁된 그는 여러 지역의 역사와 문화에 대한 해박한 지식과 뛰어난 종합력으로 중앙아시아의 역사적 위상을 재조명하는 작업에 몰두했다. '역사의 합류'라는 강의는 유라시아 대륙의 역사를 종횡으로 엮어 내며, 근대 이전의 인류 역사가 결코 서로 고립된 것이 아니었음을 보여 주려고 했다. 이 같은 역사관을 그는 '통합사'(integrative history)라는 말로 표현하기도 했다.

나는 논문지도를 받는 도중에 언젠가 그의 집을 방문했다가 개인 서재를 볼 기회가 있었다. 한 20평은 됨직한 넓은 지하실 전체를 서재로 쓰고 있었는데, 온 사방이 책으로 빽빽했다. 그 중에는 우리도 갖기 힘든 한적(漢籍)들도 많았다. 고급 나무로 짠 함 속에 들어 있는『이십사사』(二十四史 ; 역대 중국의 왕조사)는 물론이고, 청나라 때 편찬된 선장본(線裝本) 자료들도 즐비했다. 가운데에는 커다란 책상 세 개가 이곳 저곳에 놓여 있고, 그 위에는 책과 서류와 원고들이 어지럽게 쌓여 있었다. 책상이 왜 여러 개냐고 물었더니 각각 동시에 다른 작업을 하기 때문이라고 했다.

그가 타계할 당시 책상 위에 있던 원고의 상당수는 완성되지 않은 상태였다. 그는 임종하기 직전에 모든 미완의 원고를 태워 버리라고 했다. 아마 완벽한 상태가 아니면 출판을 꺼린 그의 성격 때문이었을 지도 모른다. 그의 스승인 페어뱅크(J. K. Fairbank) 교수가 간신히 그를 설득해서 태우는 것만은 막을 수 있었다. 덕분에 타계한 뒤 유고 여러 편이 햇빛을 보게 되었다. 그 중 몽골제국의 등장에 관한 그의 글은 이제 그 분야의 백미(白眉)로 꼽힐 정도이다.

마명심에 관한 그의 연구도 타계할 당시에는 타이프로 쳐서 약 80페이지 분량의 초고 상태로 있을 뿐이었다. 여기저기 그의 메모가 섞여 있고, 추가되어야 할 것으로 남겨진 부분들도 제법 많았지만, 그래도 그것은 놀라울 정도로 거시적인 안목과 치밀한 자료조사의 결과이고, 비록 그가 아랍측 문헌과 중국의 공식적 문건만을 기초로 쓴 글이지만 자흐리 교단 내부의 문헌자료와 구전(口傳)을 활용할 수 있었던 회족 학자 마통(馬通)의 연구 결과와 일치하고 있다는 점에서 놀라움을 금할 수 없다. 그의 이 글이 빛을 보게 된 것은 1995년 런던에서 그의 논문들을 모은 책이 발간되었을 때, 그와 비슷한 문제를 연구하던 한 학자가 마명심에 관한 그의 유고를 정리해서 그 속에 포함시킨 것이다. 그동안 먼지에 쌓여 있던 원고가 생명을 얻게 되었으니 고마울 뿐이다.

석봉보(石峰堡)의 성전

마명심의 죽음은 그 후 100년에 걸쳐 계속되는 성전의 시작을 알리는 사건이었다. 소사십삼이 주도한 반란이 실패로 끝난 뒤 그 대오에 참여했던 교도들은 물론 무고한 부녀자와 아이들까지 말할 수 없는 고초를 겪게 되었다. 그러나 청나라의 조직적인 말살정책에도 불구하고 마명심이 뿌린 순교의 피는 지워지지 않았다. 그로부터 불과 3년 뒤인 1784년, 복수의 칼을 갈던 자흐리 교도들이 다시 반란을 일으킨 것이다.

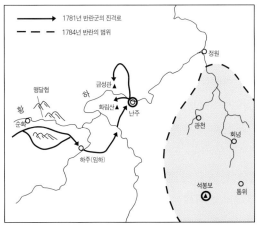

　이 반란의 주동자는 마명심의 제자였던 전오(田伍)라는 사람이었
다. 그는 각지에 있던 교단의 수령들과 연락하여 가을 추수할 때가 되
면 사람들이 많이 모여도 의심을 받지 않으니 그 기회를 이용하여 거
사를 일으키기로 계획을 세웠다. 그러나 이 정보가 미리 새어 나가 청
측 관리가 조사를 시작하자, 4월 중순 그는 무리를 이끌고 관아를 공
격하여 병사들을 죽이고 무기를 탈취하게 된다. 곧 1000여 명으로 늘
어난 반군은 난주 북방에 있는 정원성(靖遠城)을 공격했다. 성을 함락
시키지 못하자 그들은 동쪽으로 산을 넘어 해원(海遠)이라는 곳을 습
격하고, 그 뒤 다시 서쪽으로 이동하다가 청군의 기습을 받아 거기서
전오는 전사하고 말았다.

　그러나 전오의 죽음으로 성전의 열기가 식기는커녕 도리어 각지로
확산되었다. 5월 하순이 되자 황하의 지류인 위수(渭水) 유역의 도시
들이 이들의 위협을 받기 시작했고, 그들은 복강(伏羌)이라는 곳에서
5000명의 청군과 교전을 벌여 큰 타격을 가했다. 반군측의 피해도 컸
다. 500여 명이 전사하고 부녀자 300여 명이 포로로 끌려갔으며, 전투
를 지휘하던 수령도 목숨을 잃었다.

6월이 되면서 각지에 흩어져 있던 반군들이 하나씩 산간 지역에 위치한 석봉보라는 곳으로 모여들기 시작했고 그 수는 1만 명을 상회했다. 사태의 심각성을 깨달은 건륭제는 즉시 내지에서 3만 명의 군대를 파병하라고 지시했고, 책임자로는 3년 전 반란 진압의 경험이 있는 아계를 임명했다. 그러나 반군은 석봉보를 근거지로 삼고 그 주변의 험한 산세를 이용해 10여 개소의 보루를 만들어 저항했기 때문에 쉽게 접근할 수 없었다.

방위를 담당하던 회족의 한 수령이 청조에 투항하면서 석봉보로 이어지는 중요한 거점이 무너지고 사태는 일전되고 말았다. 이어 석봉보와 함께 반군의 양대 근거지를 이루었던 저점(邸店)이 함락되고, 그곳을 지키던 2000명의 수비대가 몰살당하고 말았다. 그러나 석봉보를 공격하는 것은 쉬운 일이 아니었다. 당시 청군의 보고서에도 석봉보가 수많은 산 한가운데 우뚝 선 봉우리에 위치해 있고, 3면이 모두 깎아지른 절벽이며 오로지 동남쪽으로만 평평하게 되어 있어 공격이 얼마나 어려운지를 토로하는 내용이 보인다. 더구나 마명심의 처조카인 장문경(張文慶)이 지휘하는 반군들은 죽기를 각오하고 대항했다.

청군은 3년 전 화림산의 회민들을 공략할 때와 마찬가지로 석봉보에 고립된 반군이 물을 구하지 못하도록 하는 한편, 대포를 이용해 적의 진지를 공격하는 전술을 썼다. 물이 떨어지자 갈증을 이기지 못하게 된 반군의 전열이 동요하기 시작했고 산을 내려와 투항하는 사람도 생겨났다. 탈진한 상태에서 회민들의 저항은 절망적일 수밖에 없었다.

7월 3일 새벽, 석봉보의 회민들은 금식절을 맞아 예배를 드리고 아홍들은 기도를 하기 시작했다. 마침 수비가 허술해진 틈을 이용해 청군의 총공세가 시작되었다. 석봉보 안으로 밀려들어간 청군은 닥치는 대로 살육을 시작했다. 손에 무기를 잡을 여유도 없이 1000여 명의 회민들이 그 자리에서 죽임을 당했고, 낭떠러지에서 몸을 던져 떨어

져 죽은 사람만 해도 1000명을 헤아렸다고 한다. 생포된 사람의 숫자
는 3000명에 이르렀다. 진압군 사령관이던 아계가 후일 건륭제에게
올린 보고서에는 1784년의 회민반란으로 얼마나 많은 사람들이 목숨
을 잃었는지 일목요연하게 정리되어 있다. 살해된 병사의 숫자만 1만
명이 넘고, 후에 연루된 가족들까지 합치면 2만 명에 이른다. 또한
석봉보와 저점에 있던 부녀자와 아이들 4000~5000명 가운데 1900명
은 각급 군관들에게 노비로 나누어 주고, 나머지 2600명은 회민들이
살지 않는 중국의 남부 지방으로 보내 그 곳 병사들의 노비로 삼게
했다고 한다.

　이렇게 해서 피를 씻는 석봉보의 성전은 끝났다. 그러나 그 진압의
잔혹함은 건륭제 자신이 "너무 많은 사람이 죽어 마음의 고통을 참을
수 없다"고 할 정도였으니, 그 지경을 당한 회족들의 심정은 어떠했겠
는가. 이후 자흐리 교단은 철저히 금압되었다. 마명심이 지은 글들은
모두 금서가 되었고 큰 소리를 내어 기도하는 디크리 자흐르도 금지되
었다. 자흐리 교단의 뿌리를 뽑을 생각이었던 것이다. 그러나 그 뿌리
는 순교자들의 피를 통해 더욱 깊고 강해졌으며, 청조의 금압에도 불
구하고 땅 밑으로 넓게 퍼져 나갔다.

　두 차례의 회민반란에서 호된 경험을 한 청조는 이제 자흐리 교단
만이 아니라 무슬림 전체를 의심의 눈으로 보기 시작했다. 반란의 소
지를 없애기 위해 회족들이 다른 지역으로 가 공부하는 것을 금지하고
청진사를 짓는 것도 불허했다. 회족의 수가 늘어나는 것을 막기 위해
한족 출신의 고아를 양자로 받아들이는 것도 엄금했고, 만약 적발되면
곤장을 맞고 유배를 가야 했다. 신교, 구교를 막론하고 회족 전체의 수
난이 시작된 것이다.

　사회의 대다수 구성원이 믿지 않고 더구나 국가도 사교(邪敎)시하
는 종교를 고수한다는 것이 얼마나 어려운 일인가. 중국의 회족들은

국가와 사회의 탄압과 질시 속에서 아마 자신들의 모습을 돌아보며 자문했을 것이다. 과연 우리는 누구인가. 우리가 어떻게 해서 이 땅에 살게 되었으며 무엇 때문에 이 같은 고통을 받는가. 이러한 의문은 곧 자기의 정체성에 대한 성찰이자 위기의식의 표현이기도 하다. 나는 이러한 의문에 대해 그들이 제시한 하나의 대답을 18세기에 들어온 뒤 널리 퍼진 다음 설화에서 발견할 수 있다고 본다.

당 태종의 꿈

때는 당나라 정관(貞觀) 2년, 즉 628년. 당 태종이 하루는 꿈을 꾸었다. 용이 나타나 그를 쫓는데, 갑자기 녹색 겉옷을 걸치고 머리에는 터번을 두른 사람이 나타나 용을 쫓아 버렸다. 꿈에서 깬 그가 신하들을 불러모아 해몽을 요구하니, 한 현자가 지금 서방에 그런 모습을 한 예언자가 나타났는데 그가 바로 꿈에서 본 그 사람일 것이라고 말해 주었다. 당 태종은 그 예언자를 초청하기 위해 즉시 사신에게 선물을 들려 보냈다. 예언자는 자기가 직접 못 가는 대신 세 사람의 사신과 그들을 호송할 3000명의 군인을 보냈는데, 이 사신의 이름은 가이스(該思), 우와이스(吳外思), 카신(噶心)이었다. 이들 중 앞의 두 사람은 도중에 죽고 카신만 살아서 태종을 만나게 되었다. 태종은 불교의 승려와 카신이 서로 토론을 벌이게 한 뒤 비로소 이슬람교의 뛰어남을 알게 되었고, 이 3000명의 아랍인들을 중국에 살게 하기 위해 대신 3000명의 중국인들을 아라비아로 보내 주었다. 그리고 그는 이들이 중국에 정착해 살 수 있도록 한족 여자들을 부인으로 맞게 해 주었다. 이들의 후손이 바로 회족이 된 것이다.

이 설화는 『회회원래』(回回原來)라는 책에 실린 것이다. 이 밖에도 약간씩은 다르지만 다른 글에도 비슷한 내용의 설화들이 발견된다. 내가 참고한 『회회원래』는 서울대학교 중앙도서관에 소장된 것으로 청강희(康熙) 초년, 즉 1662년에 씌어졌다고 되어 있고, 1930년 북경의 청진서보사(淸眞書報社)라는 곳에서 출판한 것이다. 그러나 이 글이 강희 초년에 지어졌다는 점에 대해서는 의문의 여지가 있고, 학자들은 18세기에 들어온 뒤에 만들어진 것으로 보는 경향이 있다.

이슬람이 중국에 처음 전래된 것이 당 태종을 전후한 시기였다는 것에 대해서는 의심의 여지가 없지만, 설화가 전하는 내용들이 역사적으로 입증될 수 있느냐 하는 점은 문제일 것이다. 어쨌든 중요한 점은 이 설화의 내용을 회족들이 사실로 믿고 있었다는 것이다. 지금도 하미에 가면 가이스라는 사람의 무덤이 있다. 1990년 내가 그 곳을 찾았을 때에도 타일에 덮인 돔 모양의 사당 안에 관이 있고 관 위에는 그 곳 주민들이 덮어 놓은 천이 쌓여 있었으며, 그 앞에는 향불이 피워져 있었다. 회족들에게 그는 전설에 나오는 한 인물이 아니라 실제로 과거에 살았던 성자로 여겨지고 있는 것이다.

그렇다면 이 설화는 우리에게 무엇을 말해 주는가. 또 그것을 사실로 여기는 회족의 믿음은 무엇을 의미하는가. 나는 위에서 소개한 설화에 크게 세 가지 주장이 담겨 있다고 생각한다. 첫째는 회족의 조상이 한족이 아니라 외국인(아랍인)이라는 점, 둘째는 그 조상들은 자기가 원해서가 아니라 당 태종의 권유에 의해서 중국에 살게 되었다는 점, 셋째는 이슬람은 어떤 종교보다도 뛰어나다는 점이다. 이 세 가지 주장에는 각기 독립적인 이념적 의미가 내포되어 있다고 본다. 즉 조상이 외국인이라는 점을 강조함으로써 회족과 한족과의 차별성을 확보하는 것, 중국사에서 가장 뛰어난 명군의 하나로 꼽히는 당 태종의 권위를 빌려 회족이 중국에 사는 '존재 이유'를 밝히는 것, 마지막으로 자신들이 믿는 종교의 우월성을 확인하는 것이 그러하다.

이 같은 주장과 기능을 갖는 '당 태종의 꿈' 설화는 한족을 적대시하는 공격적인 성격이 아니라 회족의 입장을 '변론'하는 방어적 성격을 띠고 있다는 데에 주목할 필요가 있다. 이것은 16세기로 들어오면서 명나라와 서방의 이슬람 국가와의 관계가 극도로 악화되고 중국에 살던 회족들의 입지가 날이 갈수록 약화되어 간 것과 무관하지 않을 것이다. 명말 이래 중국의 서북 지역은 계속해서 회족들의 반란의 온상지가 되었고, 청나라가 들어선 뒤에도 상황은 호전되지 않았다. 이 같은 상황에서 회족들은 자신의 정체성을 확인할 필요가 있었고, 앞서 소개한 설화는 그러한 기능에 부응했던 것이다.

오늘날에도 '회족'을 어떻게 정의하느냐는 결코 쉬운 문제가 아니다. 일반적으로 '한족 가운데 이슬람교를 믿는 사람들' 정도로 생각하지만 그렇게 간단치 않다. 예를 들어 자흐리 교단의 중추를 형성한 살라르(撒拉爾)족은 지금도 투르크어를 말하고 있지만 회족으로 분류된다. 심지어는 이슬람교를 믿지 않는데도 스스로 회족을 칭하는 사람들도 있다. 어떤 학자는 '회족'이 갖는 민족으로서의 공통의 지표를 찾아내기 위해 중국 여러 지역의 회족들을 현지조사했지만, 결국은 '돼지고기를 먹지 않는다'는 정도밖에 발견하지 못했다. 현재 중국에 거주하는 회족의 인구는 1990년 제4차 인구조사 결과 860만 명 정도이다. 여러 지역에 골고루 퍼져 있지만, 특히 서북 지역에 집중되어 있어 영하회족 자치구에 152만 명, 감숙성에 100만 명 이상이 살고 있다.

회족이라는 이름에서 '회'(回)가 무엇을 뜻하는지에 대해서도 여러 설명이 있다. 어떤 사람은 그것이 멕카 성지에 있는 신전의 모습을 형용한 것이라고 하고, 또 어떤 이는 몸과 마음을 멕카로 향해 '돌린다'는 뜻이라는 등 거창한 종교적 의미를 부여하지만 납득하기 어렵다. 아마 역사적으로 합당한 해석은 이 말이 '회회'(回回)에서 나왔다고 보는 입장일 것이다. 회회라는 말은 고려 말에 유행했던 노래「쌍화

점」(雙花店)에서 "쌍화점에 쌍화사라 가고 신둔 회회아비 내손모글 주여이다"라는 가사를 통해서도 유명하다. 이 단어는 기실 '회골'(回鶻, 즉 위구르)이라는 말의 앞글자만 떼어서 만든 것이다. 회회라는 말이 처음 출현한 송나라 때 중앙아시아의 회골 곧 위구르인들이 이슬람교를 믿었기 때문에, 회골·회회가 곧 무슬림을 의미하게 된 것이다.

회족의 '회'라는 말의 역사적 유래는 그렇다고 하더라도 이 집단의 민족적 기원을 일목요연하게 설명하기는 어렵다. 대부분의 민족집단이 그러하듯 회족도 다양한 성원들이 결합하고 혼효되면서 형성되었다. 위구르인, 페르시아인, 아랍인 등 많은 외국인들이 중국에 들어와 살면서 토착 한족과 섞인 것이다. 중국의 서북 지역에 살던 회족들 사이에 널리 퍼진 기원설화도 이러한 역사적 기억을 반영하는 것이 아닐까.

소수민족으로 산다는 것은 쉬운 일이 아니다. 더구나 자신의 신앙을 자유롭게 표현하고 전파하는 것을 억압하는 전제적 왕조 체제하에서는 두말 할 것도 없다. 중국의 회족들은 그것을 참아 내지 않으면 안 되었지만 무참하게 짓밟힌 자부심을 지키기 위한 노력도 처절했다. 앞서 소개한 설화에는 그 같은 노력이 집단적 무의식으로 표출되고 있다. 그러나 참음이 한계에 부딪치면 터져 나오는 수밖에 없다. 1780년대에 무수한 피를 흘리고 막을 내린 저항운동은 그들에게 다시 오랜 인고의 세월을 요구했다. 그리고 나서 1860년대에 들어와 더 거대한 힘으로 솟구쳐 나온 것이다.

1862년 대봉기

1862년 5월 22일, 섬서성 동부 위수(渭水) 유역에 위치한 화음현(華

陰縣)에서 한족들이 그 지방에 사는 회족들의 집을 습격하여 그들을
죽이자, 회족들이 이에 대한 보복으로 한족을 살해하고 현의 관아에
난입하여 관리를 죽인 사건이 발생했다. 봉기 소식은 마른 들에 불이
번지듯 순식간에 섬서 각지로 퍼져 나갔다. 화주(華州) · 위남(渭南) ·
고릉(高陵) · 서안(西安) · 함양(咸陽) 등 위수 남북의 주요 도시들이
모두 들고일어났고, 봉기에 참여한 회민의 숫자도 급속히 불어나 20
만 명을 헤아리게 되었다. 이는 그 후 10여 년 간 중국의 서북 지역을
진동케 한 대대적인 회족봉기의 시작을 알리는 사건이었다.

　1862년의 대봉기에 참여한 회족은 단지 마명심을 추종하는 자흐리
교단만이 아니었다. 신교, 구교를 막론하고 모두 봉기의 대열에 참가
했다. 이처럼 봉기가 순식간에 확대되고 회민들이 거족적으로 참여하
게 된 이유는 두 가지라고 생각한다. 하나는 아편전쟁으로 권위가 실
추된 청조가 1850년 태평천국(太平天國) 운동이 전국적으로 확산되자
서북 회족들에 대한 통제력을 완전히 상실했다는 점이고, 다른 하나는
석봉보 봉기 이후 철저히 시행된 청조의 회민 억압정책이 한족과 회족
간의 갈등을 악화시켜 회족 전체의 불만이 극도로 깊어졌다는 점이다.

　당시 봉기에 참가한 회민들은 모두 18개 집단을 이루었다고 하여
'십팔대영'(十八大營)이라 불렀다. 이들은 동주(同州) · 함양 · 서안 등
주요 근거지를 장악하기 위해 공격을 펼쳤고, 한족들은 나름대로 민병
대를 만들어 회민촌을 습격하여 살육을 자행했다. 그 해 가을 중앙에
서 파견한 청군 1만 2000명이 도착해 회민군과 전투에 들어갔으나 오
히려 패배당하고, 조정은 장군의 실책을 문책하며 자진(自盡)토록 했
다. 이어 또 다른 장군이 이끄는 청군이 들어와 회민촌을 공격하여 철
저히 말살해 나갔다. 중앙에 올린 보고에 의하면 1863년 5월에만 수천
명의 회민들을 살해했고, 10월에는 위남이 함락되면서 회민 1만 8000
명이 죽어 넘어졌다고 한다.

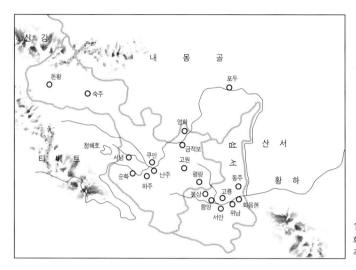

　청군의 공격에 견디지 못한 회민군은 서쪽으로 이동해 감숙성으로 들어갔다. 그들은 이미 그 전에 봉기를 일으켰던 회민들과 합세하여 청군에 대항하기 시작했다. 1866년 태평천국군 진압에 많은 공을 세워 조정의 신임이 두터웠던 좌종당(左宗棠)이 지휘권을 부여받아 감숙으로 부임해 왔다. 계속해서 열세에 몰리던 회민군은 1868년 3~4만 명의 병력으로 백길원(白吉原)이라는 곳(섬서와 감숙의 경계에 위치)에서 청군과 일대 결전을 벌였으나 패배로 끝나고 말았다. 막대한 손실을 입은 회민군은 18개 군영을 4개로 줄여 편성한 뒤 서북쪽으로 다시 이동해서 금적보(金積堡)를 근거로 항전하던 마화룡(馬化龍)과 손을 잡게 되었다.

　마화룡, 그는 바로 자흐리 교단의 제5대 교주였다. 제1대였던 마명심이 순사한 뒤 교주의 자리는 그의 제자였던 목아홍(穆阿訇)에게로 넘어갔고, 그는 다시 제자인 마달천(馬達天)에게로 넘겼으니 그가 바로 마화룡의 조부였다. 마달천 이후로는 교주의 자리가 부자세습되어, 아들인 마이덕(馬以德)과 손자인 마화룡에게로 전해지게 된 것이다.

교주의 자리가 세습되는 것에 반대했던 마명심의 본래 뜻과는 어긋나게 된 셈이다. 왜 이런 변화가 생겼는지에 대해서는 분명한 설명이 없으나, 청조의 탄압을 받으면서 교단이 지하로 들어가 극도로 위축되자 소수의 추종자들을 중심으로 일종의 비밀결사와 같은 형태로 바뀌게 된 정황과 관계 있지 않을까 추측해 볼 따름이다.

봉기가 일어나기 전 자흐리 교단의 상황은 전보다 나아진 것이 하나도 없었다. 마화룡의 조부는 예배당을 지었다고 해서 난주로 압송되어 저 멀리 만주의 흑룡강 지역으로 유배갔다가 사망하고 말았다. 그러나 마화룡이 교주의 자리를 이어받은 뒤 그의 탁월한 능력으로 교세가 조금씩 확장되기 시작했다. 그는 먼 곳과의 장사를 통해 재력을 쌓는 한편, 상거래를 위해 여러 지역을 오가면서 전교에 힘쓰기도 했다. 영하·감숙·섬서 지방은 물론 중국의 다른 지역에도 많은 추종자를 만들었다.

마화룡은 1810년에 태어났으니 1862년 회민봉기가 일어났을 때 그의 나이는 52세였고, 이미 자흐리 교단의 모습은 과거의 그것이 아니었다. 섬서 지역 회민들이 무기를 들고 일어섰다는 소식에 그의 피가 끓어오르지 않을 수 없었다. 대대로 교주들이 순절했던 역사를 잘 알고 있는 그는 즉시 무리를 이끌고 금적보로 들어가 성채를 수리하고 무기를 비축하기 시작했다. 각지에 흩어져 있던 교도들이나 회민 지도자들에게 격문을 보내 봉기를 촉구했고, 이렇게 해서 서녕(西寧)·하주(河州)·숙주(肅州) 등지에서도 반란이 터지게 되었다.

'총대아훙'(總大阿訇)이라 불린 마화룡은 당시 회민들 전체의 수령이나 다름없었다. 자흐리 교단에 속하지 않은 사람들도 지도자로서의 그의 위상에 이의를 제기하지 않았다. 따라서 회민반란을 진압하러 온 청군의 입장에서도 그가 주둔하고 있는 금적보를 소탕하는 것이 무엇보다도 급선무였다. 그러나 금적보에는 3만 명 가까운 회민들이 모여

방어하고 있었고, 그 주위는 수많은 산채들로 둘러싸여 있기 때문에 쉽게 접근하기도 어려웠다. 1870년 청군의 북로군(北路軍)을 지휘하던 유송산(劉松山)은 금적보를 장악하기 위해 영하로 압박해 들어갔다가 회민군의 습격을 받아 목숨을 잃고 말았다.

의외의 일격에 허를 찔린 청군은 전세를 만회하기 위해 병력 전부를 금적보로 집중시켰고, 그 군대의 지휘권은 전사한 유송산의 조카로 당시 20세에 불과했던 유금당(劉錦棠)에게 맡겨졌다. 그는 금적보 주위의 산채들을 하나씩 무너뜨려 가면서 압박하기 시작했고, 금적보는 고립되어 식량마저 떨어져 인육을 먹는 일까지 생길 정도였다. 대책을 논의하던 회민들의 견해는 둘로 갈라졌다. 한쪽에서는 군대를 나누어 일부는 남아서 금적보를 사수하고 일부는 북방으로 우회하여 북경을 급습하자는 주장을 폈다. 또 한쪽에서는 전군을 철수시켜 서쪽으로 옮긴 뒤 육반산을 근거지로 항전하자고 했다.

기의군 내부에 의견이 조정되지 않고 표류하고 있을 때 마화룡은 대다수의 회민들을 살리기 위한 방법은 자신이 가족들을 모두 데리고 청군 진영으로 가서 그들과 협상하여 화의를 맺는 것뿐이라고 생각했다. 그는 "얼마 안 되는 우리 일가족 몇 명이 죽는다면 수많은 회민들의 목숨을 살릴 수 있을 것"이라고 하면서 자기 발로 유금당에게로 갔다. 물론 숙부를 잃은 유금당이 그를 살려 둘 리는 만무했다. 구금된 지 56일째 되는 1871년 3월 3일(음력 1월 13일), 그는 능지처참이라는 극형을 받고 말았다. 마명심이 죽은 지 꼭 90년 뒤의 일이다.

청조는 마화룡과 그의 세 동생의 머리를 잘라 전국을 돌며 본보기로 보여 주었다. 각지의 회민들에게 반란의 죄과가 어떠한지를 깨우쳐 주기 위함이었다. 그렇게 돌아다니기를 10년, 이미 말라서 쪼그라진 그의 머리가 난주로 되돌아왔다. 교단에서 뇌물을 주고 그의 머리를 은밀히 사들였다. 그리고는 장가천(張家川)이라는 곳에 있는 어떤 동굴

마화룽의 묘지. 시신을 거두지 못하고 우여곡절 끝에 그의 머리만 이 곳으로 옮겨져 묻혔다.

에 암매장했다.

마화룽과 같이 청군에 갔던 그의 자제들과 추종자들 100여 명 역시 모두 주륙을 면치 못했다. 동생들은 그와 마찬가지로 능지처참을 당했고, 그의 아들과 딸들은 '궁형'(宮刑 ; 생식기를 절단하는 형벌)을 받은 뒤 원지로 유배되어 노비의 신세로 전락하고 말았다. 손자가 둘 있었는데 하나는 역시 궁형을 받은 뒤 북경에 노예로 보내졌다. 그는 27세의 젊은 나이로 죽었지만 세상을 떠날 때까지 한 마디도 입을 열지 않았다고 한다. 또 하나는 마화룽이 59세 될 때 태어났다고 하여 마오십구(馬五十九)라는 이름이 붙여진 아이인데, 청군에게 넘겨졌을 때 그의 나이는 불과 두세 살. 후일 그는 자흐리파의 한 교도에 의해 구출되어 중국 곳곳을 돌아다니며 교도들의 집에 숨어서 살았다고 한다.

이렇게 해서 마화룽 일가는 손자 하나를 빼놓고는 완전히 도륙되었고 금적보의 요새는 파괴되고 말았다. 마명심이 죽은 뒤 핍박과 통한의 세월을 견디다 한 세기가 지난 뒤 다시 터져 나온 자흐리 교도들의 울분은 또다시 짓밟혀 수많은 사람의 피에 묻혀 버린 것이다. 그러나 마화룡의 죽음은 쉽게 잊혀지지 않았다. 지금도 그를 기리는 노래들이 이 지방에 전해지고 있기 때문이다.

마화룡의 노래

그가 죽기 전에 유언처럼 불렀다는 노래가 있다.

우두산(牛頭山)과 와우산(臥牛山),
죽으리라, 수천 수만 회민들.
해당화 피어서 붉은 열매 내보이니
내게로 오리라, 섬서의 회민들.
장군은 지리를 살펴 거두어들이리니
이것은 이미 전에 정해진 것,
나로 말미암은 것 아니네.

내용이 알 듯 모를 듯 애매하기는 하지만, 회민이 봉기를 일으켜 수많은 생명이 희생당하리라는 것과 그것이 자신의 노력이나 의지와는 무관하게 운명적으로 그렇게 될 수밖에 없는 것이라는 뜻인 듯하다.
금적보가 있던 곳에서는 지금까지 「마화룡기의가」(馬化龍起義歌)라는 노래가 불리고 있는데 그 가사를 소개하면 아래와 같다.

만주족 청나라가 아무런 이유 없이

회민들을 핍박해 기의를 일으켰네.
살해한 회민만 수천 수만 명
회족 인민들 큰 재난을 당했네.
회족 인민은 모두 한 집안
민족이 짓밟히지 않도록
생계를 위해 집안을 위해서
서북 회민은 모두 한 마음.
뭉치고 일어나 청나라를 후려치니
백성이건 장병이건
회족 큰 가정을 위한 것이라네.
마화룡은 멋진 사내
회민들 이끌고 앞장 서서 나갔다네.
민족이 편안히 살도록
목숨을 버리고 기꺼이 죽을 곳으로.
만주족 청나라는 독수(毒手)를 뻗쳐
군대를 모아서 금적보를 쳤다네.
죽인 회민만 부지기수니
닭도 개도 남지 않았다네.
마화룡은 혼자 맞서
제 발로 죽을 곳에 걸어갔으니
회민의 평안을 위하는 마음이라.
영웅의 큰 이름 천하에 떨치리.

이 노래는 회족이 왜 반란을 일으킬 수밖에 없었는가, 반란을 통해
무엇을 이루려고 했는가를 잘 보여 준다. 스스로의 목숨을 버리고 회
족들을 구하려 했던 마화룡은 100년도 더 지난 지금까지 사람들의 기

억 속에 남아 있는 것이다. 때문에 마화룡은 '샤히드' 즉 순교자라는 별명을 얻었다. 지금도 그가 죽은 날(음력 1월 13일)을 기념하기 위해 교도들은 그를 '십삼태야'(十三太爺), 즉 '13일의 노인'이라고 부른다. 또한 그가 56일 동안 잡혀 있었던 것을 기념하기 위해 교도들은 '알라는 오로지 위대하신 분!'이라는 말을 아랍어로 56회 반복해서 낭송한다고 한다.

지금까지 전해지는 설화가 하나 있다. 10년 동안 전국을 돌아다니다가 난주로 돌아온 마화룡의 머리를 묻기 전에 어떤 아훙이 자기 집에 그 머리를 안치해 놓고 교도들과 모였다고 한다. 그들은 매일 밤 아훙의 집에 모여서 경전을 조금씩 같이 읽고 있었기 때문에, 그날 밤도 아훙이 먼저 책을 펴서 읽기 시작했다. 그런데 갑자기 그가 입을 열지 못하고 눈물을 터뜨렸다. 사람들이 의아해하며 그 연유를 물으니 손가락으로 자기가 읽으려던 글의 첫부분을 가리키는 것이었다. 그것은 "내가 왔노라!"라는 구절로 시작하고 있었다. 탁자 위에 놓여 있는 마화룡의 머리가 무언으로 하는 말이었던 것이다.

이 설화를 전해 들으면서 '황당무계'한 이야기라고만 치부할 수 있을까. 실제로 아훙의 집에서 그런 일이 일어났는지 확인할 수도 없지만, 아마 자흐리 교단의 피로 물든 순교의 역사를 아는 사람이라면 사실 여부를 떠나 이 설화에 담긴 아픔을 조금은 느낄 수 있으리라. 자기들을 위해 목숨을 바치고 효수(梟首)된 상태로 전국의 웃음거리가 되었다가 10년 만에 되돌아온 스승의 머리. 그것을 마주한 교도들의 심정을 이 이야기 이상으로 더 잘 표현하는 것이 어디 있겠는가.

1871년 마화룡의 죽음과 함께 회민봉기는 막을 내렸다. 그러나 그 과정에서 수많은 사람들이 살육되거나 다른 곳으로 이주해 가 회족들의 본고장인 감숙과 섬서 지방은 전과는 너무도 다른 모습이 되었다. 반란이 일어나기 전 섬서성 지방에는 800여 개소의 청진사와 100만

아랍어로 자흐리 교단의 도통(道統)을 기록한 서책

명 정도의 회민들이 있었는데, 그 뒤 대부분 살육되거나 다른 곳으로
도망쳐 버려 서안 주변의 2~3만 명을 빼고는 모두 인적이 끊어지게 되
었다. 이러한 사정은 감숙 지방도 마찬가지였다.

  우리는 이제 죽은 사람이 아니라 살아남은 사람들에게로 눈을 돌릴
필요가 있다. 살아남는 방법은 두 가지뿐이었다. 청조에 투항하여 그
지배를 다시 받아들이거나, 아니면 고향을 버리고 청군이 오지 못하는
곳으로 떠나가는 것이었다. 먼저 고향을 떠난 사람들의 이야기를 들어
보기로 하자.

'둥간'들의 엑소더스

청조와 화의를 통해서 문제를 해결하려 한 마화룡과 달리 섬서 출신의 회민들은 강경한 입장을 고수했다. 때문에 그들은 마화룡과 결별하고 서녕으로 향했다. 여기에 가담한 사람들의 숫자는 7만 명이 넘었고 그들의 지도자는 백언호(白彦虎)였다. 그러나 이들은 서녕에 오래 머물러 있을 수 없었다. 금적보를 함락하고 감숙 동부 지역을 장악한 청군이 바짝 그들의 뒤를 쫓고 있었기 때문이다. 그들은 다시 서쪽의 숙주로 향했고 다시 추격해 온 청군과 그 곳에서 18개월에 걸쳐 치열한 공방전을 벌였다. 이 때 백언호는 그 용맹함으로 '대호'(大虎)라는 별명을 얻게 되었지만, 1873년 11월 초 결국 숙주도 청군의 손에 떨어졌다.

백언호가 이끄는 회민들은 다시 서쪽으로 도망칠 수밖에 없었다. 거기서 더 서쪽으로 가면 신강인데, 그 곳 역시 토착 위구르인들이 청조에 대해 반란을 일으켜 독립한 상태였다. 1874년 백언호는 그 곳의 군주인 야꿉 벡의 양해를 얻어 회민들을 데리고 오늘날 신강의 수도인 우룸치에 진을 쳤다. 당시 야꿉 벡은 영국이나 오스만 제국과 외교 관계를 맺어 상당량의 소총과 대포를 수입했고 고도로 훈련된 군대를 보유하고 있었다. 그가 이들 회민과 손을 잡고 청군과 정면승부를 벌였다면 그 후의 역사가 달라졌을지도 모른다. 그러나 그는 결정적인 전략적 실수를 범하고 말았다. 청군과 직접적인 대결을 피하고 외교협상을 통해서 자신의 정권을 보존하려 한 것이다. 우룸치를 지키기 위해 청군과 싸우던 백언호 휘하의 회민들을 그가 돕지 않은 것도 바로 그 때문이었다.

궁지에 몰린 우룸치의 회민들은 더 이상 그 곳에 버틸 수 없었다. 1876년 가을, 그들은 우룸치를 버리고 천산을 넘어 남쪽으로 내려왔

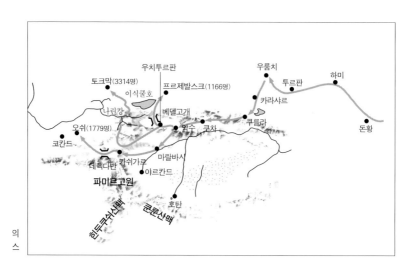

다. 그러나 야꿉 벡의 급작스런 죽음과 함께 이슬람 정권은 급속하게
붕괴되기 시작했고, 청군은 이 기회를 이용하여 신속하게 군대를 이동
시켰다. 백언호 휘하의 회민들은 겨울의 눈 덮인 천산을 넘어 러시아
로 도망치는 것 외에 다른 선택의 여지가 없었다.

회족들은 세 갈래로 나뉘어 러시아로 넘어갔다. 그것은 뒤를 쫓아오
는 청군의 추격이 워낙 급박했기 때문에 서로 협의할 만한 시간적 여
유도 없었기 때문이다. 감숙 지방의 회민들이 주를 이룬 한 집단은 우
치 투르판에서 북쪽으로 베델 고개를 넘어 러시아 영내로 들어갔고 그
숫자는 1166명이었다. 또 한 무리는 투르판과 우룸치에 살던 회민들
로서 카쉬가르까지 도망쳤다가 거기서 테렉 다반 고개를 넘어갔고
1779명이었다. 마지막으로 백언호 휘하의 섬서 회민들은 또 다른 고
개를 넘어 러시아로 들어갔는데 그 숫자는 3314명이었다.

이들의 도착을 기록한 러시아측 보고서는 "수천 명의 병들고 굶주
린 부인들과 아이들이 한겨울에 눈에 덮인 4500m 이상의 고개를 넘
어왔다"고 쓰고 있다. 4500m에 가 보지 않은 사람은 그 고산증의 고

통을 아마 모를 것이다. 게다가 지금도 겨울이 되면 천산을 넘어 러시아로 들어가는 고개들은 모두 차단된다. 눈과 얼음에 덮여 넘어간다는 것이 불가능하기 때문이다. 그러나 청군에 쫓기는 회족들이 무엇을 할 수 있었겠는가. 청군에게 붙잡혀 모진 고문으로 죽느니 차라리 일말의 희망을 걸고 산을 넘을 수밖에. 앞에서 제시된 숫자는 보고서에 나온 것이지만, 그것은 살아서 넘은 사람들의 숫자에 불과하다. 천산 어느 계곡에서 굴러 떨어지거나 배고프고 얼어서 죽은 사람은 또 얼마나 될까.

이들의 후예들은 지금도 카자흐와 키르기즈에 살고 있다. 대략 6만 명 정도로 추산되는 이들은 오늘날 '둥간'(Dungan)이라는 민족명으로 알려져 있다. 이 말은 원래 위구르인들이 회족을 부를 때 썼던 표현인데, 19세기 당시의 자료에도 '동간'(東干)이라는 이름으로 나타난다. 이들이 그 곳까지 가서 살게 된 역사를 돌이켜보면 참으로 기구하다는 생각이 든다. 거기서 그들과 섞여 살고 있는 고려인들은 또 어떠한가. 고려인은 강제로 끌려갔고 그들은 쫓겨서 도망간 것이지만, 모두 자신의 의지와는 무관하게 낯선 곳으로 엑소더스를 떠나 새로운 고향을 찾은 셈이다.

끝나지 않은 순교의 역사

마화룡이 죽은 뒤 철저하게 파괴된 자흐리 교단의 생명력은 의외로 강했다. 그것은 교단을 가장 깊은 곳에서부터 받쳐 주고 있는 것이 바로 순교자의 정신이기 때문이었다. 마화룡의 뒤를 이어 교단을 이끌어 나간 사람은 바로 마명심의 4대손인 마원장(馬元章)이었다.

그는 무엇보다도 먼저 마화룡의 피붙이들을 찾아서 구하기 위해 온

힘을 기울였다. 그의 아들들은 모두 능지를 당했지만 두 명의 손자가
살아 있었다. 마원장은 상인으로 가장해서 이미 궁형을 당해 유배된
장손을 만나 보았으나 도저히 그를 탈출시킬 방도를 찾지 못했다. 또
다른 손자는 앞에서 언급한 마진서(馬進西 : 아명은 마오십구)였다. 청군
에게 잡힐 당시 아직 갓난아기였기 때문에 궁형은 면했다. 그러나 그
가 11세 되던 해인 1879년에 압송되어 궁형을 받는다는 정보가 입수
되었다. 마원장은 은밀히 몇 명의 교인들을 보내 호송인들을 살해하고
그를 멀리 항주(杭州)로 피신시킨 뒤 후일 장가천(張家川)으로 데려왔
다. 마원장은 마화룡의 첩 백씨(白氏)와 두 명의 질녀도 찾아 내어 자
신의 보호 아래 두었다.

1911년 청조가 무너지자 자흐리 교단은 본격적으로 교세를 확장할
수 있는 시대를 맞았다. 마원장은 과거와 같은 수난의 역사를 되풀이
하지 않으려고 지방관들과 좋은 관계를 유지함으로써 국가의 신임과
지지를 받으려 했고, 또한 인근의 한족들과도 대립하지 않으려고 노력
했다. 그의 이러한 노력으로 말미암아 1920년 감숙 지방에서 발생한
지진으로 그가 사망할 즈음에는 전국 도처에 있는 교도의 숫자가 20
만 명 내외로까지 늘어났다.

그러나 그의 이러한 노력도 헛되이 교주의 자리를 누가 차지하느냐
하는 문제로 인해 교단은 분열의 길을 걷게 된다. 먼저 그가 천신만고
끝에 구해 준 마진서가 장성하자 그의 정통성을 정면으로 부정하기 시
작했다. 이후 교단은 마원장을 지지하는 '북산파'(北山派)와 마진서를
옹호하는 '남천파'(南川派)로 나뉘어 대립했다. 마원장이 죽은 뒤에는
그의 동생과 아들이 다시 다툼을 시작하여 북산파도 양분되었고,
1940년 마진서가 죽자 그 아들들 간의 대립으로 인해 남천파마저 둘
로 갈라져 버렸다.

이제 자흐리 교단은 마명심에서 시작해서 마화룡에 이르기까지 한

세기 반 동안 계속되어 온 순교의 역사에 종지부를 찍게 되었다. 국가
의 가혹한 탄압 속에서 죽어 간 교주와 교도들을 생각하며 밟아도 밟
아도 꺾이지 않는 불굴의 저항정신으로 하나가 되어 걸어왔던 그들의
역사. 청조가 무너진 뒤 도래한 정치 상황은 그들에게 유리하게 전개
되었다. 각지에 발호한 군벌들, 대립하는 국민당과 공산당은 모두 무
시 못 할 세력을 지닌 자흐리 교단과 손을 잡으려 했고 그들의 보호자
로 비쳐지기를 바라게 되었다. 그 덕분에 교세는 늘어났지만 순교의
의미가 상실된 시대에 교단의 지도자들은 교권을 놓고 다투는 꼴이 된
것이다. 1949년 신중국이 성립한 뒤에도 사정이 달라진 것은 아니었
다. 마원장의 아들로 영하·신강·청해 등지에 많은 추종자를 거느린
마진애(馬震靄)는 그 세력을 기반으로 정부와 손을 잡았다. 그는 중국
이슬람협회 부주임과 영하회족자치구 인민정부의 부주석을 역임할 정

도로 정치적인 인물이 되었다.

일찍이 마명심이 중국으로 돌아올 때 예멘에 있던 그의 스승은 그에게 아라비아에서 교주는 7대인 자신으로 끝나고 더 이상의 교주는 없을 것이라고 선언했다. 그리고 그는 중국에서도 교주는 7대로 끝날 것이라고 예언했다고 한다. 사실 거의 그대로 된 셈이었다. 5대 교주인 마화룡이 순사한 뒤, 마원장과 마진서의 시대를 끝으로 누가 정통의 교주인가를 분별하기도 힘든 상황이 되어 버렸기 때문이다.

그러나 이 같은 교단의 분열과 현실과의 타협으로 자흐리 교단의 순교와 저항의 정신이 완전히 마비되어 버린 것은 아니다. 1983년 난주 마명심의 묘지에서 벌어진 시위가 그것을 웅변으로 말해 준다. 묘지 파괴를 저지하기 위해 핏발 서린 눈으로 경찰에 맞선 늙은 아홍들, 그리고 그들을 따르는 수많은 교도들의 마음 속에는 앞서 간 순교자들의 피가 살아서 흐르고 있다. 소수민족으로 살아가는 그들에게 또다시 고난과 핍박의 그림자가 드리울 때, 그 피가 다시 용솟음쳐 분출하지 않으리라고 누가 장담하겠는가.

3장

초원의 노래

조선족 작가 한락연(韓樂然)의 1946년 작(作), 「몽고족 노인」(蒙古族老人).

카라코룸

후두두거리는 빗방울이 잦아들기를 기다렸다가
나는 낡은 소련제 군용 헬리콥터에 몸을 실었다.
울란바투르(Ulanbatur) 시내를 벗어난 헬기는
벌써 초원 위를 낮게 날고 있었다.
목적지는 과거 몽골제국의 도읍이 있던 카라코룸(Qaraqorum).
몽골공화국의 수도인 울란바투르에서 서남쪽으로 400km나
떨어져 있는 그 곳까지 차로 가기에는 일정이 너무 촉박했기 때문에
우리 일행이 적지 않은 임대료를 지불하고 빌린 헬리콥터였다.

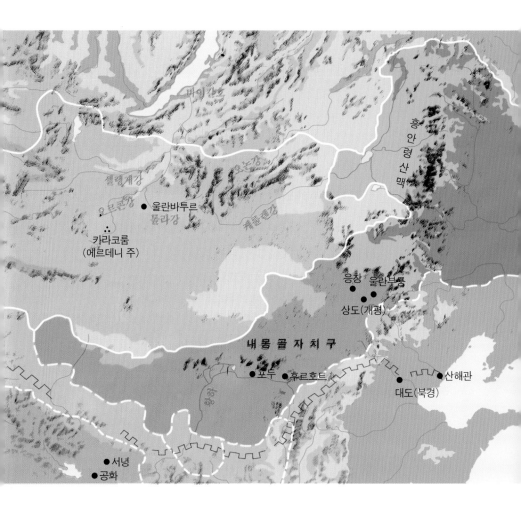

바이
칼
호

셀렝게강

오르콘강

●울란바투르
톨라강

케룰렌강

흥
안
령
산
맥

카라코룸
(에르데니 주)

응창 울란드통
● ●
상도(개평)
●

내몽골자치구

●포두 ●후르호트

산해관
●

황하

대도(북경)
●

●서녕
●공화

몽골 초원의 광경. 끝도 없이 계속되는 지평선에 가끔씩 양떼나 염소떼를 만날 수 있을 뿐이다.

생전 처음 타 보는데다가 헬기는 주로 VIP들이 타고 다니는 것이라는 생각 때문에 나는 뭐라도 된 듯 으쓱했다. 그러나 술을 좋아하는 몽골인들이 이 헬기를 '음주운전'하는 경우도 있어 심심치 않게 추락사고가 발생한다는 이야기를 나중에 들었기에 망정이지, 그렇지 않았다면 아마 천금을 준다고 해도 타지 않았을 것이다.

초원 위를 가로지르는 헬리콥터는 마치 몽골 초원의 모든 것을 보여주려는 듯했다. 구름이 던지는 그림자에 덮인 산마루를 지나는가 싶더니, 어느새 일망무제의 푸른 융단 위에 하얗게 반짝이는 동그란 단추들이 박혀 있는 모습이 눈에 들어왔다. 몽골인들의 전통가옥, 즉 '게르'(ger)라고 불리는 천막이었다. 그런가 하면 농가노 사람노 없는 소원 한가운데에 트랙터로 갈아 놓은 거대한 밭들도 지나갔다. 한 시간이 채 못 되었을까, 나는 어느덧 목적지에 도착했다.

헬기는 굉음과 함께 땅으로 내려앉았고, 풀들은 사방으로 쓰러지면서도 무지막지한 바람에 날리지 않으려 안간힘을 쓰는 듯했다. 주위에 게르는 보이지 않았지만 언제 알고 왔는지 수십 명의 몽골인들이 모여들었다. 더러는 말을 탄 채 우리를 찬찬히 뜯어보기도 하고, 더러는 먼지를 피하려 고개를 돌리고 입을 막은 채 눈만 우리를 향하기도 했다. 또 한 패거리는 재빨리 좌판을 펴고 토산품들을 올망졸망 늘어놓았다. 풀밭에 내려선 나는 걸을 때마다 발목과 종아리가 따끔거리는 것을 느꼈다. 독초(毒草)가 있기 때문인데, 통증은 매서웠고 한동안 아픔이 가시지 않을 정도였다.

카라코룸. '검은 자갈밭'을 뜻하는 바로 이 곳에 몽골제국의 수도가 있었다. 칭기스칸의 아들인 우구데이에 의해 건설된 이 도읍은 성벽으로 둘러쳐져 있고, 그 안은 만안궁(萬安宮)이라는 궁궐을 비롯하여 교회당과 가옥들로 들어차 있었다. 기록에 의하면 궁전으로 들어가는 입구에는 프랑스 출신의 장인이 은으로 제작한 거대한 나무가 서 있었고, 그 아랫부분에 조각된 네 마리의 사자 입에서는 포도주와 마유주(馬乳酒), 그리고 꿀과 쌀로 빚은 술이 흘러 나왔다고 한다. 성 안에 사는 사람들을 위하여 술과 식량을 실은 마차가 매일 500량씩 줄을 지어 들어왔다.

그러나 지금 옛 도읍의 성채와 궁궐은 어디에도 보이지 않는다. 어디로 간 것일까. 대신 그 자리에는 거대한 불교 사원이 들어서 있다. '보석과 같이 귀중한 사원'이라는 뜻에서 '에르데니 주'(Erdeni Juu)라고 불리는 이 절은 108개의 탑으로 둘러쳐져 있다. 제국이 망하자 그 도읍은 아무도 돌보지 않아 무너져 내리기 시작했고, 후일 티베트 불교로 개종한 몽골인들은 그 석재를 뜯어 에르데니 주를 지을 때 사용

옛 몽골제국의 수도 카라코룸이 서 있던 자리에 그 석재를 뜯어 내어 지었다고 하는
불교 사원 에르데니 주

하기도 했다. 이제 방문객을 맞아 주는 것은 사원 북쪽에 덩그러니 남아 있는 귀부(龜趺) 정도일 뿐이다. 그 위에 얹혀 있었을 탑신은 어디로 가고 돌거북이 혼자서 십장생(十長生)의 영물답게 오래 살아 제국의 수도를 지키고 있는 것이다.

칭기스칸이 세계정복을 시작했을 때 그의 휘하에 몽골인들은 50만 명 정도밖에 되지 않았다. 그는 여기서 차출된 10만 명 남짓한 군사를 이끌고 북중국을 유린했고 중앙아시아와 중동과 러시아까지 진출했던 것이다. 그의 후손들은 당시 인구 8000만이 넘는 중국을 점령하고 제국을 건설했다. 현재 몽골족의 전체 인구는 600만 명 정도이니 그 때에 비하면야 적은 것이 아니지만 제국의 영토를 모두 잃어버린 채 한 민족이 고비 사막을 가운데 두고 남북으로 갈라져 있는 형편이다. 남쪽은 중국령으로 내몽골 자치구에 속해 있고, 북쪽은 몽골공화국이라

카라코룸의 영화는 모두 사라지고 지금은 돌거북만이 남아 그 터를 지키고 있다.
멀리 에르데니 주의 모습이 보인다.

는 이름으로 독립국을 이루고 있다.

　몽골인들은 지금도 선조들의 위업에 대해 말할 수 없는 자부심을 갖고 있고, 비록 오늘의 처지가 여의치 않은 것은 사실이지만 그들의 얼굴에서 비굴함을 찾아볼 수는 없다. 남쪽의 후호호트나 북쪽의 울란바투르에서 마주친 그들의 얼굴에는 여전히 당당함이 배어 나오고 있다. 그렇지만 우리처럼 분단된 민족으로 살아가는 그들의 마음이 결코 편할 수는 없다. 우리는 남북이 갈라졌어도 각자 국가를 이루고 있으니 그들에 비해서는 낫다고 자위할 만하다. 그런데 그들은 도대체 어떻게 해서 이렇게까지 되었나. 민족마다 흥망성쇠가 있다지만 이들처럼 확연하게 명암이 갈리는 경우도 흔치는 않으리라. 조상들이 정복과 약탈을 통해 흘리게 했던 피의 업보일까. 카라코룸의 폐허를 뒤로 하고 돌아오면서 나는 말탄 정복자의 자리에서 내려와 오늘에 이르기까지 이 민족이 지나온 영욕의 세월들을 반추해 보지 않을 수 없었다.

토곤 테무르의 애가

'오랑캐를 몰아내고 중화를 회복하자'(驅逐胡虜 恢復中華)라는 구호를 내세우며 중국 남부에서 반란을 일으킨 주원장(朱元璋, 즉 明太祖)이 휘하 25만 대군을 보내 북진을 시작했을 때, 몽골족의 원나라는 왕조 말기에 흔히 보이는 궁정 내부의 치열한 권력투쟁으로 날을 보내고 있었다. 반란군은 먼저 산동을 친 뒤 하남 지역을 장악하고 본격적으로 원의 수도인 대도(大都), 즉 오늘날의 북경을 압박하기 시작했다. 마지막 황제 토곤 테무르(Toghon Temür)는 이미 전의를 상실해 싸울 기력도 없던 몽골 군대를 보내 그들을 저지해 보려고 시도했지만 아무 소용이 없었고, 이제 그에게는 일단 북방으로 몸을 피하는 것 이외에 다른 선택의 여지가 없었다. 1368년 여름, 그는 황실의 일족과 관리들에 둘러싸여서 만리장성을 넘어 내몽골 초원에 있던 여름 수도, 즉 개평부(開平府)의 상도(上都)로 향했다. 그러나 그는 그 곳에도 오래 머물 수 없는 처지였다. 왜냐하면 그 다음 해인 1369년 봄, 명나라 군대가 상도로 밀려들어오기 시작했기 때문이다. 그는 다시 북쪽으로 자리를 옮길 수밖에 없었고, 응창(應昌)이라는 곳에 이르렀을 때 갑작스레 세상을 뜨고 말았다.

『원사』에 의하면 당시 그의 나이는 51세였고 사인은 이질(痢疾)이었다고 한다. 그러나 그는 이 병에 걸리기 전에 이미 나라를 잃은 통한으로 깊은 마음의 병을 얻었음이 분명하다. 칭기스칸이 몽골 초원에

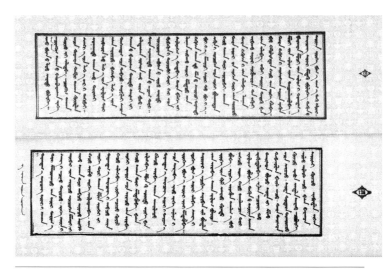

『황금사』에서 토곤 테무르의 애가가 기록된 부분

나라를 세운 지 160년, '대원'(大元)이라는 국호를 칭하며 중국땅을 다스린 것도 거의 1세기가 지난 지금, 하필이면 자기 대에 와서 나라를 잃고 반군에 쫓겨 도망가는 신세가 되었으니 그가 느낀 자괴감이 어떠했겠는가. 그가 원나라의 두 도읍인 대도와 상도를 잃고 난 뒤 처연한 심정에서 읊었다고 하는 시가 있는데, 칭기스칸의 후예들을 '황금씨족'이라고 칭하여 그들의 역사를 기록한 몽골어로 된 『황금사』(黃金史, Altan Tobchi)라는 책에 다음과 같이 전해지고 있다.

갖가지 보석으로 정성스럽고 아름답게 완성된 나의 대도여!
옛 칸들이 머물던 피서지 상도의 황금빛 초원이여!
시원하고 멋진 나의 개평 상도,
따스하고 아름다운 나의 대도여!
붉은 토끼띠의 해에 잃어버린 나의 가련한 대도.

이른 아침 높은 곳에 오르면 보이던 너의 아름다운 연무(煙霧).

나는 울면서 떠날 수밖에 없었노라.
나는 초원에 버려진 두살박이 붉은 소와 같이 되었구나.
갖가지 모양으로 만들어진 나의 팔각 백탑(白塔)이여.
아홉 가지 보석으로 완성된 나의 대도성이여.

내가 겨울을 보냈던 나의 가련한 대도,
이제 중국인이 모두 차지했도다.
내가 여름을 보냈던 개평의 상도,
내 잘못으로 중국인들이 차지했구나.

 원래 몽골인들은 초원에서 가축을 치며 풀과 물을 찾아 이동하는 생활을 했었다. 그러나 그들의 이동이 마치 집시처럼 마음 내키는 대로 이곳 저곳을 떠돌아다니는 그런 것은 아니었고, 계절에 따라 정해진 루트를 따라 옮겨 다니는 것이었다. 보통 봄이 되면 그들의 집이라고 할 수 있는 게르를 걷고 가재도구를 챙긴 뒤 온 가족과 함께 가축을 끌고 북쪽으로 이동하기 시작한다. 여름이 시작될 무렵이면 여름 목장에 도착하지만, 그 곳에 이를 때까지는 매일 혹은 며칠에 한 번씩 자리를 옮겨야 한다. 여름 한 철을 시원한 목장에서 보낸 뒤, 선선한 가을 바람이 불기 시작하면 다시 짐을 싸서 남쪽으로 내려와 추위와 바람을 피할 수 있는 곳에서 겨울을 난다. 이사 한 번만 해도 진저리를 치는 우리의 눈에 그들의 이러한 생활은 참으로 고통스러워 보일지도 모르지만, 워낙 그런 생활에 익숙해진 그들은 별로 그렇게 느끼지 않았던 것 같다. 오히려 한 곳에 머물러서 농사를 지으며 붙박이 생활을 하는 사람들을 불쌍히 여겼고, 심지어는 농민을 마치 가축처럼 불쌍한 존재로 생각하기까지 했다. 가축들이 땅에서 자라는 풀을 먹고 살듯이 농민들도 논밭에서 자라는 곡식을 먹고 살기 때문이었다. 그들은 토지에 속박되지 않은 자유민으로서 무한한 긍지를 느꼈던 것이다.

원나라를 세우고 중국을 통치하게 된 몽골의 군주들도 이처럼 몸에 밴 습속을 어쩌지 못했던 것 같다. 칭기스칸의 손자이자 원의 건국자인 세조 쿠빌라이는 만리장성의 남쪽과 북쪽에 수도를 하나씩 두고 옮겨 다니는 생활을 했다. 남쪽에 있던 것이 대도 즉 오늘날의 북경이었고, 북쪽에 있던 것이 상도였다. 원의 전성기였던 쿠빌라이 시대에 중국을 방문했던 마르코 폴로는 대도를 '캄발룩'(Cambaluc)이라고 불렀는데 이는 '칸의 도시'라는 뜻의 몽골어를 옮긴 것이고, 상도를 '자나두'(Xanadu)라고 불렀는데 이 역시 상도의 중국식 발음(샹두)을 적당히 옮긴 것에 지나지 않았다. 자나두는 영국의 계관시인 콜리지(S. M. Coleridge, 1772~1834)의 「쿠블라 칸」(Kubla Khan)이라는 시에 의해 불멸화되고 있다.

　　쿠블라 칸은 자나두에
　　장엄한 열락의 궁전을 지으라 명했도다.
　　그 곳에는 성스러운 강 알프(Alph)가
　　사람이 측량할 수 없는 동굴을 지나
　　태양이 비치지 않는 바다로 흘렀노라.
　　그래서 5마일의 두 배나 되는 비옥한 땅은
　　성벽과 보루로 둘러쳐졌도다.
　　구불거리는 시냇물로 반짝이는 정원들이 있었고
　　그 곳에는 향기를 지닌 많은 나무들이 꽃을 피웠네.
　　또한 여기에는 언덕만큼이나 오래 된 숲들이
　　햇빛이 비치는 녹지를 에워쌌도다.

원나라 황제들이 여름 수도로 사용하던 상도는 후일 폐허로 변했고
이제는 무너진 성벽만이 조금 남아 있을 뿐이다.

그러나 지금은 그가 노래하던 '열락의 궁전'도 '시냇물로 반짝이는 정원들'도 모두 사라져 버리고 찾을 수 없게 되었다. 찾아볼 수 있는 것은 오로지 초원 한가운데에 흉하게 드러나 있는 성벽의 터뿐이다. 원의 마지막 황제 토곤 테무르가 애통해했듯이 상도는 그 뒤 아무도 돌보는 사람 없이 폐허가 되고 말았다.

원나라의 멸망은 사실 그 후 진행된 몽골족의 퇴락의 시작을 알리는 사건이기도 했다. 북방의 초원으로 되돌아간 그들은 내분으로 갈라져 서로 싸우느라 힘을 소진했고 결국 17세기에는 만주족에게 무릎을 꿇고 말았기 때문이다. 그런데 몽골족의 운명에서 분수령이 된 원의 멸망은 하루 아침에 갑작스럽게 일어난 일이 아니었다. 그들은 오랫동안 중국에 머물며 조상들이 갖고 있던 기상을 차츰 잃어버린 반면, 황하가 범람하고 질병과 한발이 계속되는 상황에서 견디지 못한 한민족의 반란이 곳곳에서 터져 나왔다. 이렇게 한 발짝씩 낭떠러지로 다가가는 원나라의 수명을 더욱 재촉한 것은 궁정에서 벌어진 끔찍한 암투였다. 바로 그 싸움의 한가운데에 고려인들이 있었으니, 어떻게 보면 몽골족의 운명도 우리와 기이한 인연을 맺고 있는 것이 아닌가.

고려 여인 기황후

고려 여인 기씨(奇氏)가 궁녀로 발탁된 것은 토곤 테무르가 황제의 지위에 오른 직후의 일이었다. 궁녀가 되기 전 그녀가 어떻게 살았는지에 대해서 말해 주는 자료는 없지만, 그녀의 부친과 형제가 고려땅에 살았고 한미한 신분이었던 것으로 미루어 보아, 몽골 귀족들에게 노비나 첩으로 분배할 목적으로 고려에서 차출된 수많은 '공녀'(貢女)들 가운데 하나가 아니었나 하는 추측도 가능하다. 원대에 이처럼 공녀로 끌려간 고려 여인이 얼마나 되는지 정확한 숫자를 파악하기는 어렵다. 충렬왕 때부터 공민왕 초까지 약 80년 동안 기록에 나타난 숫자는 150명 정도지만, 공녀를 징발하기 위한 사신이 매년 한두 번 혹은 격년으로 왔고 한 번 오면 40~50명을 끌고 갔다는 기록으로 보아 그보다 훨씬 많았음이 확실하다.

이처럼 이국으로 끌려가는 딸을 보내는 부모의 심정이야 오죽했을까. 고려 말의 문인 이곡(李穀)의 글에 의하면 공녀로 뽑힌 사람의 가족들이 모여 밤낮으로 통곡하며 울부짖어 그 소리가 끊이지 않았으며, 성문을 나서며 이별할 때면 옷자락을 붙들고 엎어져 길을 막고 소리치니, 비통함으로 우물에 몸을 던지기도 하고 스스로 목을 매거나 슬픔

『원사』「후비열전」에 나오는 기황후에 관한 기록

으로 졸도하는 사람 혹은 피눈물을 흘려 실명하는 사람들까지 있었다고 한다.

어쨌든 그녀는 매우 영리하고 아리따운 아가씨였던 것 같다. 그녀를 두고 영악한 성품에 살구 같은 얼굴, 복숭아 같은 뺨 그리고 여린 버들 같은 허리(杏臉桃腮弱柳腰)라고 한 당시의 기록이 이를 입증하고 있다. 게다가 원대의 몽골 귀족이라면 누구라도 소유하고 싶어한 고려 여인으로 이국적 향취까지 풍겼을 터이니 황제의 총애가 오로지 그녀에게 쏠린 것도 이해할 만하다. 황후가 된 뒤 그녀는 몽골식으로 '울제이 쿠투 카툰'(Öljey Qutu Qatun)이라 불렸는데, 이는 '아름답고 복 있는 황후'라는 뜻이니 그녀에게 썩 어울리는 이름인 셈이었다.

그런데 그녀를 끔찍이 아낀 황제 토곤 테무르도 실은 어린 시절을 남달리 불우하게 보낸 사람이었다. 그는 황족이었던 그의 아버지가 북방에 주둔하고 있을 때 알게 된 어떤 여인과의 사이에서 출생했다. 생모의 출신이 미천해서 그랬는지는 모르지만 그의 부친은 평소에도 그를 두고 '내 자식이 아니다'라고 할 정도였다고 한다. 그런 그의 부친이 황제의 자리에 오르기 위해 대도로 내려오던 도중 독살되고 말았고, 그 자리를 차지한 토곤 테무르의 숙부는 그를 의심하여 고려의 대청도(大靑島)로 유배를 보냈다. 1333년 숙부가 죽은 뒤 그는 이런 고통스런 추억들을 뒤로 하고 우여곡절 끝에 보위에 올랐다.

궁녀의 몸으로 황제의 총애를 독차지한 기씨와 황후 사이가 순탄할 리는 없었다. 기씨는 미천한 출신에 고려인이었으니 당대 최고 권신의 딸인 황후에게 여러 차례 모욕을 당했다는 기록도 이상할 것은 없다. 그러나 1335년 황후의 형제들이 다른 황족을 황제로 추대하려는 음모를 꾸몄다고 하여 처형되고, 황후 역시 이에 연루되어 유폐되었다가 죽임을 당했다. 황후가 죽자 토곤 테무르는 곧 궁녀 기씨를 황후, 그것도 정후(正后)로 앉히기를 희망했다. 그러나 역모 사건을 주도적으로 처리한 권신 바얀(伯顔)을 비롯한 귀족들은 이를 정면으로 반대하고 나섰다. 칭기스칸 가문과 대대로 혼인을 맺어 온 몽골의 황후족을 제쳐 놓고 어찌 고려 출신의 여인을 황후로 맞을 수 있느냐는 것이었다. 귀족들의 일치된 반대에는 황제도 어찌할 수 없었다. 결국 그는 귀족 가문의 몽골 여자를 황후로 새로이 맞아들일 수밖에 없었다.

그러다가 1340년에 터진 역모 사건은 그녀에게 새로운 기회를 열어 주었다. 이 사건은 태후(전임 황제였던 문종의 부인)가 권신 바얀과 밀통하여 토곤 테무르를 폐위시키고 자기 아들을 제위에 앉히려 한 것이었다. 이 사건으로 인해 바얀과 태후 모자가 모두 축출되었고, 그 직후에 궁녀 기씨를 총애하는 황제의 뜻을 간파한 신하들의 주청에 의해 그녀는 제2황후의 자리에 오를 수 있었다. 그러나 그녀를 바라보는 몽골 귀족들의 눈은 여전히 곱지 않았다. 그녀 자신도 이를 의식했음인지 황후라는 이름에 걸맞은 교양을 갖추기 위해 한가할 때면 『여효경(女孝經)』과 『사서(史書)』들을 읽었고 과거 황후들 가운데 현숙한 사람의 본을 받으려 애썼다. 뿐만 아니라 고려에서 온 미녀들을 데리고 있다가 고관들에게 나누어 주어 그들의 환심을 사려고 하기도 했다. 그러나 그녀는 다른 한편으로 박불화(朴不花)나 고룡보(高龍普)와 같이 당시 궁정에 있던 고려 출신 환관들과 손을 잡고 자신을 질시하고 폄하하던 세력과의 대결을 준비할 정도로 주도면밀한 여인이었다.

그녀의 자리는 아들의 출산으로 요지부동의 것이 되었다. '아유시리다라'라는 이름의 이 아들이 황태자로 책봉되자 그녀의 야망은 끝없이 커져만 갔다. 기황후는 어릴 때 같은 고향에서 자랐다고 하는 환관 박불화를 시켜 몽골의 권신들을 회유하고 급기야 황제에게 '내선'(內禪), 즉 제위를 자발적으로 양위하라고 압박을 가하기 시작했다. 당시 국정을 총괄하던 중서좌승(中書左丞) 타이핑(太平)이 기황후측의 이러한 기도에 반대했다가 도리어 유배를 가게 되었음에도 황제는 전혀 손을 쓸 수 없을 정도였다. 이미 나이 든 황제는 정치에 관심을 잃었고 대신 황태자가 군정의 대권을 장악했다. 이렇게 해서 조정은 외국 출신의 한 여인과 그녀의 피를 받은 황태자에 의해 농락되는 처지로 전락했다

기황후의 행동은 결국 일부 군사귀족들의 반발을 살 수밖에 없었다. 그 중에서도 기황후측과 첨예하게 대립했던 볼로드(孛羅)가 1364년 군사를 끌고 대도를 공격하기 시작했고, 이에 맞서 싸우던 황태자는 패배하여 도주하고 말았다. 황제로부터 제국의 병권을 모두 위임받은 볼로드는 박불화를 주살하고 기황후를 유폐시켰다. 그러나 그 다음 해 황태자는 다른 군벌세력의 지지를 받아 궁성을 탈환하고 볼로드를 비롯한 반대파에 주륙을 가했다. 때마침 몽골 출신의 제1황후가 사망하자 기황후는 드디어 정후(正后)의 자리에 오를 수 있게 되었다. 그러나

그것도 잠시뿐이었다. 한인 반란세력을 규합한 주원장은 군대를 북상시키며 원나라의 심장을 압박하기 시작했고, 몽골인들은 내분으로 갈려 변변히 싸움도 제대로 못 한 채 대도를 버리고 장성을 넘어갈 수밖에 없었기 때문이다.

원나라의 붕괴로 기황후의 천하도 끝나고 말았다. 물론 그것은 왕조 말기에 흔히 나타나는 징후의 하나이지만 그녀가 고려 출신이라는 점은 우리에게 각별한 여운을 남겨 준다. 기황후에 대해서는 이미 타계한 이용범(李龍範) 선생의 뛰어난 연구가 있고 이 부분의 서술도 그것에 크게 의존한 것인데, 선생은 그 글의 결론에서 고려인 기황후에 대해 착잡한 평가를 내리고 있다. 즉 그녀를 중심으로 한 일파가 '음모와 횡자(橫恣)'를 저질러 원나라를 와해시키는 촉진제가 되었던 것은 분명하나, 고려에서 공녀와 엄인(閹人, 즉 고자)을 강제로 차출해 간 몽골인들의 무자비함을 생각하면 원조가 그들에 의해 수난받은 것은 '자업자득'이라고 할 수밖에 없다는 것이다. "원조의 궁중사회에서 민족적인 열등의식 속에서 살아야 했던 기황후와 출생시부터 인간의 가장 중대한 기능을 상실하여 이역에까지 징발된 이들의 생활 신조를 정상적인 생활에서의 도덕적 척도로써만 평가할 수도 없다"는 선생의 문장은, 기황후를 비롯한 원 조정의 고려인들이 자행한 정치적 문란이 정당화될 수는 없지만, 그래도 그들의 절박한 처지를 무시해서도 안될 거라는 뜻을 담고 있는 것이다.

한족의 반격

1369년 상도를 점령한 명의 장군 이문충(李文忠)이 다시 군대를 몰아 토곤 테무르 일행이 도주한 응창으로 향하다가 몽골 기병 하나를 생포했는데, 그를 심문한 결과 토곤 테무르가 얼마 전 응창에서 사망했다는 정보를 입수하게 되었고, 이에 이문충은 곧바로 북상하여 응창을 급습했다. 당시 국상(國喪)을 치르던 몽골인들은 아무런 대비도 할 수 없었기 때문에, 황태자 아유시리다라는 수십기만을 대동하고 급히 몸을 피했을 뿐 다른 사람들은 고스란히 명군의 포로가 되었다. 토곤 테무르의 손자와 후비들을 비롯하여 수많은 귀족들이 사로잡혔고, 송과 원의 옥새(玉璽)와 보책(寶冊)도 노획되었다. 명군은 도주한 황태자를 추격했으나 이미 그는 고비 사막을 넘어 멀리 몽골리아 초원으로 사라진 뒤였다.

이문충이 회군하여 명 태조 주원장에게 승전 사실과 원의 마지막 황제가 사망했음을 보고하자, 이를 들은 문무백관들이 앞을 다투어 주원장에게 경하의 인사를 올렸다. 명군이 원의 세력을 쫓아낸 것은 사실이지만 그 황제인 토곤 테무르가 생존해 있는 한 주원장이 명실상부한 '정통성'을 주장하기가 어려웠기 때문이었다. 따라서 주군의 이런 고충을 잘 알고 있던 신하들로서 축하를 올리는 것은 당연한 일이었다. 그러나 주원장의 반응은 의외였다. 그는 원나라에서 관리를 지냈던 신하들을 오히려 꾸짖으며 "너희는 원래 원나라의 신하였으니 오늘의 대첩을 경하해서는 안 된다"고 했다는 것이다. 또한 중서성(中書省)에서 천하에 승전을 알리는 칙유를 초안하여 올렸을 때에도 주원장은 거기에 지나친 찬사와 자만이 있다고 지적한 뒤, "몽골이 비록 오랑캐이긴 하나 100년 동안이나 중국을 지배했으니, 짐이나 경들의 부모는 모두 그들에 기대어 크고 자란 것이다"라고 하면서 수정할 것을 지시했다. 이처럼 그는 원을 중국을 지배했던 정통왕조로 인정하고, 그들의 통치가 문란해져 천명이 거기서 떠나 자기에게로 왔다는 점을 강조하려 한 것이다.

그렇다고 몽골의 위협이 완전히 사라진 것은 아니었다. 기황후의 아들인 아유시리다라가 북몽골에서 '빌릭투 칸'(현명한 칸)이라는 이름으로 즉위하고 다시 세력을 규합하기 시작했기 때문이다. 홍무제(洪武帝) 주원장은 그의 세력을 뿌리뽑기 위해 대군을 편성하여 원정을 보내기로 결심했다. 1372년 15만 명의 군사를 모아 중로군·동로군·서로군 셋으로 나누고, 그가 가장 신임하던 장군들인 서달(徐達)·이문충·풍승(馮勝)에게 지휘를 맡겼다. 이 3군은 중국 북변의 각기 다른 곳을 거쳐 북상하여 아유시리다라의 몽골군을 포위할 계획이었다. 그러나 이 계획은 여지없이 무너지고 말았다. 먼저 중로군이 톨라 강가에서 대패하여 수만 명의 사망자를 기록했고, 동로군 역시 분전했지만 별다른 성과를 거두지 못하고 돌아올 수밖에 없었다. 오로지 서로군만이 승전보를 전해 왔지만 이미 낙담한 홍무제는 더 이상 전쟁을 계속할 수 없었다.

아버지의 뒤를 이어 칸이 된 아유시리다라가 이 사건이 있은 뒤 어떠한 활동을 했는지에 대해서는 거의 알려진 것이 없다. 다만 그가 8년 동안 칸으로 군림하다가 말띠 해인 1378년 41세의 나이로 사망했다는 몽골측 기록이 있을 뿐이다. 그러나 우리가 분명히 말할 수 있는 것은 원나라 말기에 극심했던 지배층 내부의 분란이 초원에서도 계속되었다는 사실이다. 칸의 권위는 실추되고 유목민의 군대를 이끄는 장군들이 실권을 장악하여 서로 대립하는 상황이었다. 이처럼 날로 약화되어 가는 몽골족에 대해 1388년 홍무제가 보낸 원정군은 치명적인 타격을 가했다. 많은 귀족들이 생포되고 군대는 괴멸되었으며 칸도 도주하다가 부하의 손에 피살되고 말았다.

중국에서는 홍무제의 뒤를 이어 어린 손자가 보위에 올랐다. 그러나 그의 숙부가 군사를 이끌고 궁성으로 난입하자 그는 스스로 목숨을 끊고 말았으니, 이렇게 해서 스스로 황제를 칭한 인물이 바로 야심만만한 영락제다. 그는 자신의 거사를 '정난'(靖難 ; 난리를 가라앉혔다는 뜻)

이라 불렸지만 실은 쿠데타를 미화한 것에 불과했다. 그도 그것을 모를 리 없었다. 그는 자신의 집권을 정당화하기 위해 당시 사대부들의 존경을 받던 방효유(方孝孺)를 불러들여 천하에 반포할 조칙(詔勅)의 초를 잡으라고 명령했다. 그러나 방효유가 영락제에게 집권의 부당함을 조목조목 따지자 논리가 궁해진 황제는 "이것은 짐의 집안일이다"라고 하며 물리친 뒤, 그에게 필묵을 주면서 조칙을 쓰라고 강요했다. 그러나 그는 붓을 내팽개치며 울부짖고 욕을 하며 대들었고, 화가 머리끝까지 치민 황제는 그를 처형하여 시장바닥에 내다 보이라는 명령을 내리고야 말았다. 그의 부인 정씨(鄭氏)와 두 아들은 스스로 목숨을 끊었고 두 딸은 강물에 투신하여 죽음을 택했다고 한다.

방효유처럼 드러내 놓고 반대하지는 않았어도 속으로 불만을 품고 그의 정통성을 인정하지 않는 사람들도 많았을 것이다. 그런 영락제에게 자신의 정통성을 확고히 입증할 수 있는 방법이 하나 있었으니 그것은 바로 몽골인들을 확실히 쳐부수고 복속시키는 것이었다. 1409년 그는 구복(丘福)이라는 장군에게 대군을 주어 원정을 감행케 했다. 그러나 명군은 케룰렌 강가에서 급습을 받아 전군이 괴멸되고 구복마저 전사하는 참변을 당하고 말았다. 『명사』(明史)에 의하면 원정군의 규모는 10만 명이었다고 하니, 영락제로서는 혹을 떼려다 도리어 더 큰 혹을 붙인 셈이었다.

극도로 자존심이 상한 영락제는 중국사상 전무후무한 거대한 전역(戰役)을 벌이게 된다. 그 다음 해인 1410년부터 다섯 차례의 대대적인 원정이 감행되었고, 그가 직접 군대를 지휘하여 나서기도 했다. 1414년 원정 때에는 무려 50만 명의 기병과 보병이 동원되었으니 그 규모를 짐작하기조차 어렵다. 1424년 마지막 친정을 감행한 영락제는 회군하는 도중 내몽골의 어느 곳에 있는 거대한 석애(石涯)에 기공비를 새겨 "만세 후에도 짐(朕)이 친정(親征)을 하여 이 곳을 지났다는 것을 알게 하라!"고 지시했다고 한다.

　그로부터 열흘 뒤 그는 갑자기 세상을 떠나고 말았지만 그가 감행한 무리한 원정은 몽골은 물론 중국에게도 깊은 후유증을 남겼다. 계속된 대규모 원정은 국가의 재정을 바닥나게 했고, 전쟁에 동원된 백성들의 고통 또한 말이 아니었다. 몽골은 몽골대로 피폐해졌다. 대군과의 충돌을 피하기 위해 유목민들은 가족과 가축을 이끌고 이리저리 도망다닐 수밖에 없었고 그들의 삶의 터전은 뿌리째 흔들리고 말았다. 원나라 붕괴 이후 이미 취약해진 정치구조 역시 철저히 허물어졌고, 몽골인들은 동·서 두 집단으로 나뉘어 대립하면서 점점 더 깊은 분열의 나락으로 떨어지고 말았다.

티베트 불교로의 개종

　영락제 사후 명나라는 더 이상 북방 초원의 몽골인들과 상대할 힘도 의사도 없었다. 그 후의 황제들은 북쪽 변경 지방의 관문을 굳게 닫고 아예 접촉하는 것조차 꺼렸다. 이제 외세의 개입에서 자유로워진 몽골족은 자기들끼리 치열한 내전을 벌이기 시작했고, 그 와중에서 분열에서 통일로 나아가는 힘도 나타나기 시작했다. 물론 그 힘도 오래 가지 못하고 결국 사라지고 말 운명이었지만, 그러한 정치적 통합과 관련하여 추진된 것이 이념의 통합이었으니 그것이 곧 티베트 불교로의 개종이었다.

　1578년 중국 청해성에 있는 청해라는 커다란 호수 근처의 차브치얄(현재의 공화共和)이라는 곳에서 역사적인 회담이 열렸다. 회담의 두 주역은 당시 투메트의 수령이자 전 몽골 유목민들의 실질적 지도자 알탄 칸(Altan Qan)과 티베트 불교 교단의 대표 소남 갸초(Sonam

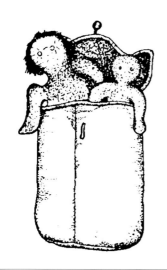

티베트 불교로 개종하기 전 몽골인들이 흔히 집 안에 모시고 있던 '옹곤'이라는 우상.
재료는 다양해서 버터, 헝겊, 나무 등으로 되어 있다.

Gyatso)였다. 회견장에는 무려 10여만 명의 승려와 속인이 참석하여 이 광경을 지켜보았다고 한다. 여기서 몽골인들은 금후 티베트 불교를 신봉하기로 정해졌고, 알탄 칸은 이를 명시적으로 규정하는 법령을 선포했다. 이 법령은 원나라가 망한 뒤 "불법(佛法)이 쇠퇴하고 사람들은 악업을 행하여 혈육을 먹는 암흑의 피의 바다로 변했다"고 전제한 뒤, 이제 두 사람이 "한 쌍의 해와 달처럼 해후한 덕택에 불법의 길이 열리고 피의 바다가 젖의 바다로 변하게 되었다"고 강조했다. 구체적으로는 몽골인들에게 순장(殉葬)을 하거나 '옹곤'이라 불리는 조그만 우상들을 집에 모셔 놓는 구습을 금지하고 라마승을 존중하라고 권유하고 있다.

　이 두 사람은 서로 거창한 칭호를 주고받았으니 소남 갸초가 받은 칭호가 바로 '달라이 라마'였다. '달라이'라는 말은 몽골어에서 '바다'

를 뜻하며 같은 뜻을 지닌 '갸초'라는 티베트어를 옮긴 말이다. 따라서 달라이 라마는 '바다와 같은 지혜를 지닌 라마'라는 뜻이 되는 셈이다. 이렇게 해서 소남 갸초는 역사상 최초로 달라이 라마를 칭한 사람이 되었다. 그러나 그가 제1대 달라이 라마는 아니었다. 그는 이 칭호를 부여받으면서 이미 사망한 두 사람을 1대와 2대로 추존했고 자신은 3대가 되었다. 그 이유는 자신이 그 두 사람의 '전생'(轉生)이라고 생각했기 때문이다. 티베트인들은 고승이 죽으면 그 영혼이 새로 태어나는 아이의 육체로 전이되며 특히 달라이 라마는 관음보살의 전생이라고 믿었다. 이렇게 해서 시작된 달라이 라마의 전생은 오늘날 제14대 달라이 라마인 텐진 갸초로까지 이어지고 있다.

알탄 칸의 주도하에 단행된 개종의 물결은 전 몽골 사회로 퍼져 나가기 시작했다. 초원 곳곳에 사원이 들어섰고 수많은 젊은이들이 삭발을 하고 라마승이 되었다. 불교로의 개종은 몽골인들의 운명을 바꾸어 놓는 분수령이 되었다. 수많은 몽골인들이 말에서 내려와 활을 버리고 대신 불경을 손에 들기 시작했고, 그들이 수도하는 사원들이 초원 곳곳에 세워지기 시작했다. 그 결과 20세기 초두에는 내몽골에만 무려 1000여 개의 불교 사원이 있었고 승려의 숫자도 남자 인구의 30~65%에 이르렀다고 한다. 한 가정에 적어도 아들 하나는 승려가 된 셈이다. 외몽골(현재 몽골공화국)에서도 사정은 마찬가지여서 그 곳 남자 인구의 45%가 라마승이었다고 한다. 승려의 숫자가 신도의 숫자와 엇비슷한 꼴이다.

살생을 금하는 불교 때문에 기마민족 몽골인들이 사나운 성품을 잃어버리고 온순하게 바뀌었을 거라는 속설을 뒷받침이라도 하듯이, 16세기 후반 몽골족의 대대적인 개종이 있은 뒤 17세기부터는 과거의 영광을 뒤로 하고 서서히 중원의 왕자에게 충성을 바치는 신하로 변신하고 말았다. 과연 성난 사자같이 포효하던 그들이 부처님의 자비로운

만리장성이 가장 동쪽에서 끝나는 지점에 위치한 산해관의 모습.
'천하제일관'이라는 별명이 무색하지 않다.

손길에 의해 양처럼 온순해진 것일까. 그렇지 않다면 도대체 어떻게 해서 그들이 정복자의 자리에서 내려와 예속민의 굴레를 쓰게 되었으며, 결국 오늘날 우리가 보듯이 분단된 민족의 고통을 안고 살아가게 까지 되었는가. 이 궁금증을 풀기 위해 우리는 개종 이후 몽골인들에게 벌어진 일들을 더듬어 볼 필요가 있다.

만주족의 등장

17세기로 넘어갈 즈음 동아시아에는 새로운 세력이 태동하고 있었다. 당대(唐代)까지는 물길(勿吉) 혹은 말갈(靺鞨)이라 불리다가 그 뒤

여진(女眞)이라는 이름으로 알려진 집단이다. 누르하치라는 인물이 이들을 통합하여 '만주'라고 개명했고 기존의 촌락을 근간으로 '팔기'(八旗)라는 새로운 사회·군사 조직을 만든 뒤, 이미 노쇠해진 명나라의 동북 변경을 맹타하기 시작했다. 그러나 '천하 제일의 관문'이라는 영예를 지닌 산해관(山海關)을 돌파하기에는 아직 역부족이었다. 그는 동맹세력을 필요로 했고 막강한 기병을 자랑하는 몽골족은 좋은 파트너로 보였다.

누르하치가 등장한 것과 거의 때를 같이하여 칭기스칸의 후예인 릭단 칸(Lighdan Qan)이라는 인물이 나타나 몽골인들의 세력을 규합하기 위해 동분서주하고 있었다. 그는 당시 최강의 군사력을 가진 차하르 부족의 지배자였고 그 힘을 배경으로 주변의 군소 왕공들을 복속시키고 통일국가를 건설하려 했다. 특히 티베트 불교를 적극적으로 보호하여 여러 곳에 사원을 건설하고 티베트어 대장경을 모두 몽골어로 번역하는 사업도 추진했다. 그는 칭기스칸의 이름을 자신의 칭호로 쓰기도 했는데, 이는 그 위대한 조상처럼 자신의 기치 아래 북방의 민족들을 모두 통합하여 제국을 건설하려는 야심을 보여 준다. 그가 누르하치에게 보낸 편지는 "40만 몽골인의 군주인 나 바투르 칭기스칸은 강가의 3만 여진인의 군주인 쿤둘렌 겡기옌 칸에게 글을 보내노라!"로 시작하고 있다.

물론 누르하치는 이런 모욕적인 표현을 그대로 참고 넘기지 않았다. 그는 1620년 이렇게 답신을 보냈다. "너는 어찌하여 40만 호의 몽골인이라고 우리에게 뻐기는가? 내가 듣기로는 대도를 명에게 빼앗길 때 40만의 몽골인은 모두 포로가 되고 겨우 6만 호만이 도망쳤다고 한다. 그 6만의 몽골인도 모두 너의 휘하에 있는가?" 이어 그는 "네가 어떤 큰 성채를 부순 적이 있는가? 어떤 대군을 격파한 적이 있는가? 명나라가 언제 네게 이처럼 많은 재물을 준 적이 있었는가? 내가 명을 정벌할 때 남자는 죽이고 여자는 남겨 두었기 때문에, 명은 내 힘을 두려워하여 너를 속여 '자기 편으로 만들기 위해' 준 재물이 아니던가?"라고 다그쳤다.

사실 누르하치의 지적은 릭단의 가장 아픈 부분을 찌른 것이었다. 릭단에게 직접 예속된 차하르 만호를 제외하고 다른 만호들은 공공연히 그에 대한 복속을 거부하고 있었기 때문이다. 릭단의 실패는 이미 오랫동안 통일국가가 없던 상황에서 다른 사람의 지배와 간섭이 아니라 독립과 자유에 더 길들여진 몽골 집단들의 성향으로 볼 때 예견된 것이었지만, 그의 정치적 자만과 난폭한 행동 또한 그들의 불복을 더욱 부추겼다. 후대의 몽골측 기록은 그가 땅 밑에서 발견된 독이 든 술을 마신 뒤 악령에 뒤집어씌어 포학한 성격으로 바뀌었다고 할 정도였다.

1632년 누르하치의 아들 태종 홍타이지는 고립된 릭단에게 결정적 타격을 가했고, 릭단은 10만 명의 부락민을 이끌고 서쪽으로 떠났다. 만주족을 피해 청해 지방에 새로운 근거지를 만들려는 의도였던 듯하지만, 그는 2년 뒤 천연두로 사망하고 말았다. 홍타이지는 1636년 음력 7월 조선의 조정에 서신을 보냈는데, 그 내용은 자신이 릭단 칸을 패망시켰고 쿠빌라이 시대에 제작된 금불상과 칭기스칸 이래 사용되던 옥새가 자기 수중에 들어오게 되었으며, 만주족의 발흥지인 심양(瀋陽)에 있는 폐사(廢寺)를 수리하고 그 곳에 금불상을 모시려고 하니 필요한 안료(顔料)를 보내 달라는 것이었다.

그런데 흥미로운 사실은 이 서신이 도착한 지 불과 몇 달 뒤에 병자호란이 터진 것이다. 주지하듯이 조선은 만주족의 공세를 견디지 못하고 항복할 수밖에 없었고 만주 몽골 한문으로 새겨져 현재 송파구에 있는 삼전도(三田渡) 비문은 그 치욕의 역사를 말해 주고 있다. 청 태종이 조선을 친 것은 릭단이라는 강적을 제거한 뒤 명나라에 대한 본격적 공세를 시작하기 전에 명과 가까운 관계에 있던 조선을 처리해

두기 위함이었음은 두말 할 필요도 없지만, 그가 침공을 불과 몇 달 앞
두고 칭기스칸의 옥새와 쿠빌라이의 금불상을 손에 넣었다는 것을 알
리는 서신을 보낸 것은 대원제국의 정통성이 자신에게로 넘어왔음을
조선측에 알리려는 의도였던 것으로 추측된다.

티베트 불교와의 기연(奇緣)

　조선땅을 유린하고 돌아가는 만주족은 많은 양민들을 포로로 끌고
갔다. 이들 중 일부는 후일 속환(贖還)되어 돌아왔지만 또 다른 일부는
북방에 남아 만주와 몽골의 귀족들에게 노비로 분급되었다. 숫자를 확
인할 수는 없지만 소수의 조선인 포로들은 몽골 승려들에게 주어져 교
육을 받고 라마승이 되었다는 기록도 있는데, 이는 티베트 불교와 우
리 사이에 맺어진 중첩된 기연(奇緣)의 하나일 뿐이다.
　티베트 불교가 우리와 본격적으로 접촉하게 된 것은 물론 고려 때
다. 원나라가 티베트 불교에 속하는 여러 교파 가운데에도 특히 사캬
파를 지원했음은 쿠빌라이와 라마승 곽파 사이의 각별한 관계를 통해
서도 알 수 있지만, 고려의 왕자가 황제의 부마(駙馬)로서 원에 체류하
면서 라마승들과 접촉했으리라는 것은 분명하다. 쿠빌라이의 딸과 혼
인한 충렬왕 때 라마승들이 입국했다가 웃지 못할 해프닝을 벌인 일이
『고려사』에 기록되어 있다. 충렬왕 2년, 원의 제사(帝師)인 곽파가 파
견했다는 라마승 몇 명이 와서 왕과 공주를 위해 기복을 드리는 불사
(佛事)를 치렀는데, 행사가 끝난 뒤 공주가 하사한 시주를 분배하는 문
제를 놓고 라마승들끼리 다투다가 결국 자신들은 제사가 파견한 승려
도 아니고 불사도 거짓이었다고 폭로한 사건이다.
　또한 충렬왕 20년에는 일찍이 삼별초(三別抄)의 난이 토벌될 때 진

충선왕이 귀양살이를 했던 티베트의 사캬라는 도시에 있는 사원의 모습

도(珍島)에서 몽골군에 포로로 잡혀갔던 한 고려인이 라마승이 되어 사문(沙門) 보호를 위한 황제의 조칙을 휴대하고 돌아온 일도 있었다. 그의 이름은 흘절사팔팔합사(吃折思八八哈思)로 표기되어 있는데, 이 것은 '르초스파 박시'(Rchospa Baghshi)를 옮긴 말로 '존귀한 스승'이 라는 뜻이다.

그 뒤 충선왕은 원나라에서 라마승 19명을 초청하여 부인이었던 원 의 공주(계국대장공주蓟國大長公主)와 함께 계(戒)를 받은 일이 있고, 자기를 사랑하지 않고 다른 여자에게 정을 주는 충선왕을 투기한 공주 가 라마승을 불러들여 주술을 행하게 한 일도 있다. 결국 충선왕은 공 주의 무고에 의해 왕위를 내놓고 원나라로 끌려가 10년 동안 고초를 겪는 처지가 되었다. 그 곳에 있는 동안 라마승들과 긴밀한 접촉을 가졌던 그가 충숙왕 7년 또 다른 무고사건에 휘말려 불경 공부라는 명분 아래 멀리 티베트의 사캬(撒思結)라는 곳으로 유배를 떠나 생활하게 된 것도 티베트 불교와 그와의 희한한 인연을 말해 주는 일이다.

현재 우리 나라에 있는 경천사(敬天寺) 13층 석탑도 고려시대 티베트 불교와의 관련성을 말해 주는 좋은 예인데, 이 탑은 원의 승상이던 톡토(脫脫)라는 사람의 발원에 따라 진녕부원군(晋寧府院君) 강융(姜融)이 나라의 안녕과 원 황제와 황후와 황태자의 수복을 빌기 위해 원나라의 장인들을 불러와 만든 것이라고 한다. 이 탑은 구한말 일본인들이 몰래 훔쳐 일본으로 실어 갔다가 비난여론으로 인해 다시 우리 나라로 실어 왔는데, 석재의 파손이 심해 처음에는 경복궁 마당에 그냥 쌓아 두었다가 후일 보수하여 현재의 자리에 세워 놓은 것이다.

티베트 불교와 우리와의 인연은 조선조에 들어온 뒤로도 끊어지지 않았다. 가장 대표적인 예를 정조 4년(1780) 청나라 건륭제의 칠순을 축하하기 위해 파견된 사신단의 일원이었던 실학자 박지원(朴趾源)의 『열하일기』(熱河日記)에서 볼 수 있다. 당시 열하에 있던 청 황제의 피서지를 찾은 박지원은 마침 그 곳에 와 있던 티베트 불교의 고승 판첸 라마(Panchen Lama)를 만났는데 그 인상을 이렇게 적었다. "대체 금빛깔로 뚱뚱 부어 터질 듯이 꿈틀거리는데 살은 많고 뼈는 적어서 청명하고 영특한 기운이 없다." 티베트 불교에 대한 사대부로서의 경멸심이 역력히 드러난다. 이어 조선의 사신들은 판첸 라마를 배알할 때 고두(叩頭 ; 이마를 땅에 찧으며 절하는 것)하라는 요구를 거부하다가 모자를 벗기고 떼밀려 땅에 엎드려지는 수모를 당하기도 했다.

박지원 일행은 판첸 라마가 선물로 내려준 동불(銅佛)과 폐백을 오히려 수치스럽게 여겨 북경에 도착한 뒤 역관들에게 주었으나, 역관들조차 그것들을 '똥 오줌처럼 더럽다'고 하며 은 90냥에 모조리 팔아

치운 뒤 마부들에게 수고비로 주어 버렸다. 그러나 마부들도 그 돈으로는 술 한 잔도 사 먹을 수 없다고 투덜거렸다고 한다. 이런 박지원이 『열하일기』에서 티베트 불교에 대해 우호적인 태도를 보였을 리는 만무하지만, 그래도 거기에 수록된 「반선시말」(班禪始末)이니 「황교문답」(黃教問答)과 같은 글에는 티베트 불교에 대한 그 특유의 통찰력과 탐구심이 엿보인다.

갈단과 강희제

다시 이야기의 본론으로 되돌아가자. 릭단을 몰아내고 조선을 유린한 만주족은 명 조정이 그토록 믿었던 철옹성 산해관마저 돌파하고 1644년 북경을 점령했다. 이렇게 해서 들어선 청 제국은 과거 중국의 어떠한 왕조도 이루지 못한 위업을 달성했는데, 그것은 바로 북방 유목민들의 완전한 제압이다. 이 위업은 청조에서 가장 전성기라고 일컬어지는 강희·옹정·건륭이라는 세 황제의 시대에 달성된 것이며, 그렇게 해서 만주·몽골·신강·티베트가 중국에 새로이 덧붙여짐으로써 명대에 비해 영토는 두 배 가량 확대되었다. 오늘날 중국은 과거 외몽골이라 불리던 지역(현재 몽골공화국)만 빼놓고는 고스란히 그 유산을 물려받았으니, 어떻게 보면 이민족인 만주족의 지배를 받은 대가로 거대한 영토를 보상으로 받은 셈이었다. 청이 이렇게 영토를 확장하게 된 것은 무엇보다도 몽골족과의 투쟁을 승리로 이끌었기 때문이었다. 청나라가 겨우 기틀을 잡기 시작한 강희제 때에 그 최초의 충돌이 벌어졌고, 강희제의 상대는 갈단이라는 인물이었다.

갈단은 서몽골에 속하는 준가르라는 부족의 귀족이었는데, 수령의 아들로 태어난 그는 어린 나이에 라싸로 와 승려 수업을 받던 도중 아버지가 죽자 자기 친형이 이복형제들에 의해 살해되었다는 소식을 접하게 된다. 아들의 억울한 죽음과 그에 대한 보복을 호소하는 생모의 눈물 어린 편지를 받은 그는 제5대 달라이 라마를 찾아간다. 승려의 신분으로 살생을 행한다는 것은 생각하기 힘든 일이었기 때문에 환속을 허락받기 위해서였다. 달라이 라마는 그의 요청을 받아들였을 뿐 아니라 그를 위해 기도해 줄 것도 약속했다.

고향으로 돌아간 갈단은 무리를 규합하여 순식간에 형제들을 제거하고 준가르 부족의 수령이 되었다. 그러나 복수에 성공한 그는 이제 서몽골 전체의 군주가 되려는 야망을 품기 시작했다. 그는 서몽골에 속하는 다른 부족들을 무력으로 제압하고 통합을 이룩하는 데 성공했다. 그의 정신적 스승이기도 한 달라이 라마도 그의 야망에 날개를 달아 주었다. 그에게 '보슉투 칸'(Boshughtu Qan)이라는 거창한 칭호를 하사해 준 것이다. 이 말은 '하늘의 축복을 받은 군주'라는 뜻을 지녔다. 이렇게 해서 1677년경 그는 서몽골 전체를 지배하는 칸이 된 것이다.

그러나 갈단은 이것으로 만족하지 않았다. 그는 동서 몽골을 모두 지배하에 두고 칭기스칸의 뒤를 이어 초원의 대제국을 건설하려는 야망을 품었고, 드디어 1688년 몽골 통일전쟁을 위한 포문을 열었다. 그 해 초 그는 3만 명의 기병을 이끌고 침공을 시작했고, 5000명의 동몽골 병사들이 그를 저지하기 위해 맞섰지만 결과는 참담했다. 5000명 가운데 불과 100명 정도만 살아남았을 뿐 나머지는 모두 참살되었다. 갈단은 군대를 계속 동쪽으로 몰면서 몽골리아 최대의 사원인 에르데니 주를 점령했다. 동몽골의 수령들은 갈단을 막기 위해 전열을 가다듬고 필사적인 노력을 기울였다. 다시 양측이 맞부딪쳐 사흘 동안 치열한 전투가 벌어졌지만 동몽골측의 참패로 끝났다. 이제 동몽골인들에게는 다른 선택의 여지가 없었다. 수십만 명에 이르는 유목민들이

안으로는 삼번의 난을 평정하고 밖으로는 갈단을 물리쳐 청나라를 확고한
기틀 위에 올려놓은 강희제의 초상

갈단의 말발굽을 피해 남쪽으로 도망쳐 청나라의 강희제에게 구원을
요청했고, 고비 사막 이북의 광대한 초원은 이제 갈단의 수중에 들어
가고 말았다.

강희제는 이 사태를 무척 위중한 것으로 보았다. 그것이 단순히 몽
골인들끼리의 내분이 아니라는 점을 간파하고 있었기 때문이다. 갈단
의 침공은 막강한 유목제국의 출현을 예고하고 있었고 이를 사전에 막
지 않는다면 청나라의 안전은 보장될 수 없는 것이었다. 강희제는 갈
단과의 전쟁에 대비한 조치를 취했다. 당시 청나라와 러시아는 아무르
강 근처의 영유권을 둘러싸고 전쟁을 벌이고 있었는데, 만약 러시아측
이 갈단과 손을 잡는다면 청으로서는 매우 어려운 처지에 놓이게 될
것이 분명했다. 그가 1689년 서둘러 러시아와 네르친스크 조약을 체

결한 것도 실은 러시아와 준가르가 연합할 가능성을 사전에 차단하기 위해서였다.

청과 준가르와의 최초의 충돌은 1690년에 벌어졌다. 갈단이 2만 기병을 이끌고 흥안령 산맥을 따라 남하해 오자, 이미 만반의 준비를 끝낸 강희제 역시 군대를 동원하여 이에 맞서게 했다. 양측의 전투는 현재 요녕성 적봉(赤峰)시 근처의 울란 부퉁(Ulan Butung)이라는 곳에서 벌어졌다. 며칠 동안 격렬한 전투가 벌어졌으나 전세는 청측에 불리했고 지휘를 맡았던 강희제의 외삼촌도 전사하고 말았다. 그리고 전세를 만회하기 위해 파견된 청의 지원군이 도착하기도 전에 갈단은 군사를 돌려 초원 깊숙이 사라져 버렸다.

강희제로서는 몽골 초원 깊은 곳에 있는 기동성이 뛰어난 유목 군대를 따라잡기란 쉬운 일이 아니었다. 결국 그는 자신이 직접 군대를 이끌고 몽골리아로 들어가 갈단을 치기로 결심했다. 그는 10만 명이 넘는 군대를 소집하여 이를 동로·서로·중로의 3군으로 편성한 뒤 자신은 중로군을 맡았다. 이렇게 해서 그는 1696년에서 1697년에 이르기까지 고비 사막을 건너 전후 세 차례에 걸쳐 친정(親征)을 감행했고 마침내 승리를 거두었다. 그러나 그가 승리한 것은 만주의 팔기군이 몽골의 기마군보다 더 뛰어났기 때문도 더 많은 병력을 가졌기 때문도 아니었다. 그것은 바로 서양의 선교사들이 만들어 준 대포와 소총이 위력을 발휘했기 때문이었다. 거대한 굉음을 내며 대포가 터지고 온 사방이 흙먼지로 뒤덮이자 말들은 놀라서 뛰어올랐고 적진은 순식간에 아수라장이 되었다.

강희제와의 대결에서 패배한 갈단에게는 이제 돌아갈 곳도 없어져 버렸다. 왜냐하면 그가 전쟁터를 전전하는 동안 고향에서는 그의 정통성을 부인하는 조카가 군주를 자칭하며 버티고 있었기 때문이다. 그 조카는 바로 갈단의 친형, 즉 이복형제들에 의해 살해되어 갈단이 복

수해 준 그 형의 아들이었다. 결국 갈 곳이 없는 갈단은 초원을 헤매다
가 그 다음 해인 1697년 생애를 마칠 수밖에 없었다.

갈단의 죽음을 보고받은 강희제는 북경의 한 관리에게 보낸 편지에
서 자신의 심정을 이렇게 표현했다.

이제 갈단은 죽었고 그의 추종자들은 내게 충성을 맹서했다. 나
의 큰 일이 끝났다. 2년 동안 나는 세 차례나 친정을 하면서 바람에
쓸리고 비에 젖은 사막을 건넜고, 황량하고 사람도 없는 벌판에서
하루 걸러 식사를 했다. 사람들은 그것을 고생이라고 말하겠지만
나는 그러지 않았다. 또 사람들은 그런 것을 피하려 하겠지만 나는
그러지 않았다. 끊임없는 이동과 고난이 이 같은 위업을 이끌어 낸
것이며, 갈단이 아니었다면 나는 그런 일을 결코 하지 않았을 것이

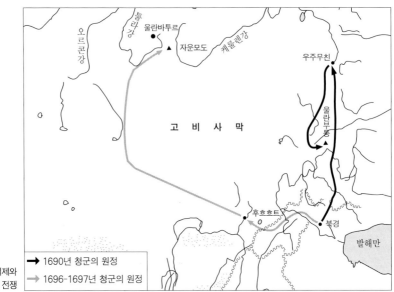

오르콘강
툴라강
울란바투르
자운모도
케룰렌강
우주무친
고 비 사 막
울란부통
후흐흐트
북경
발해만

강희제와
갈단의 전쟁

➤ 1690년 청군의 원정
➤ 1696-1697년 청군의 원정

다. 이제 천지신명이 나를 보호하여 내게 이런 위업을 가져다 주었
으니 내 인생은 행복한 것이라고, 또 성공한 것이라고 말할 수 있으
리라. 내가 원하던 것을 이루었다고 말할 수 있으리라. 며칠 뒤 궁
궐에서 그에 관한 모든 것을 말해 주겠다. 필묵으로 말하기는 어려
우니, 단지 요점만 적었을 뿐이다.

강희제는 전쟁의 군무로 바쁜 와중에서도 틈틈이 북경으로 편지를
보냈는데, 특히 흥미로운 것은 현재 대만의 고궁박물원에 보존된 만주
어로 된 그의 편지들이다. 황제만이 사용하던 붉은색 잉크로 씌어진
이 편지들은 황태자였던 그의 둘째아들 윤잉(胤礽)에게 보낸 것들이
다. 1696년 겨울에 써 보낸 편지에는 이러한 내용이 적혀 있다.

나는 무사하다. 너는 건강한가. 네가 이처럼 아비에게 효도를 다

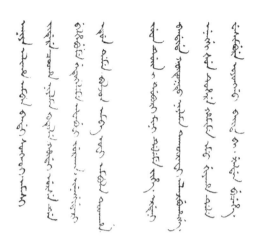

강희제가 갈단을 치기 위해 몽골리아를 원정하는 도중 북경에 있는
아들에게 써 보낸 만주문 편지

하며 모든 일을 성의로써 처리하니, 나도 네가 무궁토록 수명을 다
하고 자손들도 너처럼 효성스런 성품으로 너를 끔찍이 모시기를 기
원하노라. 네가 모든 일에 양심적이라는 것을 분명히 알고 있기 때
문에 이렇게 써서 보내는 것이다.

아버지의 애정이 물씬 풍기는 편지지만 그 아들은 결국 폐위되는 운
명을 맞고 말았다. 그가 자신에 대해 악의를 품고 있으며 방종한 생활
에 물들어 있다고 해서 강희제가 폐위시킨 것이다. 그는 문무대신들을
불러모은 자리에서 황태자의 무릎을 꿇린 뒤 그의 잘못을 조목조목 밝
혔고, 그리고는 땅에 몸을 던지며 방성대곡을 했다. 황태자의 폐위와
체포를 명령한 강희는 슬픔으로 엿새 동안 잠을 자지 못하고 밤이면
신하들을 불러 이야기를 하면서 눈물을 흘렸다고 한다.

1722년 강희제는 69세의 나이로 사망했다. 그가 비록 갈단을 제압하고 보호를 요청한 동몽골인들을 청에 복속시킨 것은 사실이지만, 그 것으로 몽골의 위협이 모두 사라진 것은 아니었다. 그 위협이 최종적으로 제거되기 위해서는 준가르가 없어져야 했는데, 이 최후의 유목국가를 소멸시킨 장본인은 바로 그의 손자인 건륭제였다.

준가르의 멸망

1754년 음력 7월, 몽골리아에 주둔하고 있던 청의 장군으로부터 조정으로 긴급한 보고가 들어왔다. 그 내용은 아무르사나(Amursana)라는 이름의 한 수령이 휘하의 병사 5000여 명을 위시하여 몽골인 남녀 2만 명을 이끌고 청군에 투항하여 보호를 요청했다는 것이다. 당시 청의 황제였던 건륭제는 이들 투항자들에게 긴급히 식량과 거처를 제공토록 지시했다. 아무르사나는 그 동안 북변의 방위를 교란해 온 준가르의 한 수령이니, 건륭은 그를 지원한다는 명목으로 준가르의 다른 부족민들에 대해 전면적인 공격을 감행할 구실을 얻게 된 것이다. 이것은 궁극적으로 준가르의 멸망으로까지 이어지게 되었다.

청의 준가르 침공에 구실을 준 아무르사나의 외조부는 체왕 랍탄이라는 인물이었는데 앞에서도 나왔듯이 그가 바로 갈단의 뒤를 이어 준가르 몽골인들을 지배한 사람이다. 아무르사나가 망명하게 된 계기는 준가르 내부에서 일어난 권력투쟁이었다. 준가르의 마지막 군주가 사망하자 여러 수령들이 그 뒤를 차지하기 위해 격돌했다. 그 와중에서 아무르사나는 자신의 휘하 부민들을 이끌고 다와치라는 이름의 후보자를 밀어 주었고, 다와치는 그 덕택에 군주의 자리에 오르게 되었다. 그러나 자신의 공을 내세우며 간섭을 하기 시작한 아무르사나는 다와치에게 거추장스러운 존재일 수밖에 없었으니, 다와치는 아무르사나

준가르의 캠프를 급습하는 청나라 군대의 모습(동판화)

와 그 부민들을 기습적으로 덮쳤고 갑작스러운 공격에 아무르사나는 일부 휘하 부족민들을 데리고 청에 투항하고 만 것이다.

건륭제는 지금이야말로 조부 강희제 이래 청나라의 북변을 끊임없이 괴롭혀 온 준가르를 완전히 끝장낼 좋은 기회라고 생각했다. 준가르의 근거지가 있는 천산 북방의 일리 지역을 공격하려면 무엇보다도 그 곳의 지리와 유목민의 배치를 잘 아는 사람이 필요했고 아무르사나는 바로 그 적임자였다. 건륭제는 아무르사나와 그 휘하 유목민들을 앞장 세우고 만주족 군대 5만 명과 전마 7만 필을 동원시켰다. 군대를 북로군과 서로군의 둘로 나누어 하나는 북쪽 몽골리아 초원을 통해 남하하도록 하고, 또 하나는 신강의 우룸치 부근을 경유하여 서진토록 했다. 군사들은 모두 두 달치의 식량을 휴대하고 떠났다. 아울러 유목민들이 손쉽게 목초를 찾아 도망칠 수 있는 계절을 피하기 위해 아직

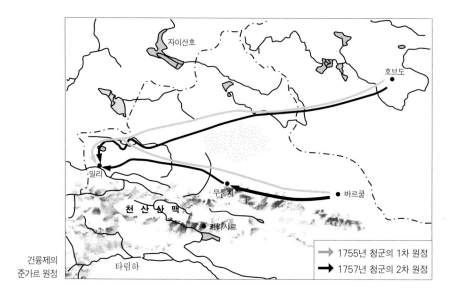

건륭제의
준가르 원정

초원에 추위가 가시지 않은 음력 2월을 공격 시점으로 잡았다.

이미 내분으로 인해 약해질 대로 약해진 준가르는 청군의 상대가 될 수 없었다. 상당수의 몽골인들은 저항할 생각도 못 한 채 투항의 길을 택했고, 다와치를 따르던 소수의 무리도 부질없이 싸워 보기는 했지만 결국 도주하고 말았다. 다와치는 천산을 넘어 남쪽의 위구르인들이 있는 곳으로 몸을 숨겼지만 오히려 그들에게 붙잡혀 청군에 넘겨졌고 북경으로 호송되는 신세가 되고 말았다. 준가르를 무너뜨리고 그 군주까지 사로잡은 건륭제는 득의만만한 관대함까지 보였다. 그는 다와치에게 친왕(親王)이라는 직함을 내려주고 종실의 여자까지 짝지워 준 뒤 북경에 살게 하고 자신의 시위(侍衛)로 임명한 것이다. 그러나 얼마 뒤 다와치는 병을 얻어 죽고 말았다.

비록 준가르가 청에 복속되기는 했지만 그 유목민들이 완전히 없어진 것은 아니기 때문에 언제 그들이 다시 연합하여 말썽을 일으킬지 모르는 문제였다. 건륭제는 바로 이 점을 우려했고 그 대책으로 준가

준가르의 군주였지만 청군에 의해 포로가 되어 북경으로 호송된 다와치의 초상

르에 속하던 네 개의 부족을 나누고 그 수령들을 독립적인 '칸'으로 임명했다. 그러나 아무르사나가 청나라를 도와 다와치를 제거했을 때 그가 기대한 것은 그것이 아니었다. 그는 네 부족 전체를 지배하는 '대칸' 즉 통합된 준가르 국가의 군주가 되리라고 생각한 것이다. 그는 청조의 허락도 없이 마음대로 병사를 동원하기 시작했고, 조정에서 그에게 하사해 준 관복이나 인장을 사용하지 않은 채 스스로 대칸이라 칭했다.

아무르사나의 동향을 눈치챈 건륭제는 청의 장군에게 지시를 내려 은밀히 군대를 데리고 가서 아무르사나를 포획하도록 했다. 그러나 이 소식을 들은 아무르사나는 몸을 숨긴 뒤 유목민들을 규합하여 일리를 다시 탈환하고 청군의 거점들을 공격하기 시작했다. 사태가 다급하게 되자 조정은 다시 대군을 파견하여 아무르사나를 압박했다. 일리로 진입한 청군은 그를 잡으려 했지만, 그는 이미 카자흐스탄으로 도주한 뒤였고 오히려 곳곳에서 몽골인들의 저항에 봉착했다.

1757년 초, 청조는 준가르 세력을 완전히 뿌리뽑기 위해 일단 한 지역을 점령하면 그 곳의 주민들을 몰살시키는 작전을 채택했다. 준가르의 근거지는 청군에게 하나씩 점령되어 갔고 때마침 천연두가 창궐하면서 사망자의 숫자는 더욱 늘어났다. 카자흐스탄에 있던 아무르사나는 청조의 요청을 받은 그 곳 수령이 자신을 잡으려 하자 러시아로 도망쳤지만 그 해 9월 토볼스크(Tobolsk)에서 천연두로 사망하고 말았다. 전쟁이 끝났을 때 일리 지방은 완전히 초토화된 상태였고 그 곳에 남아 있던 몽골인들은 더 이상 항전할 기력도 사람도 없었다.

한 중국측의 기록에 의하면 당시 수십만 호에 이르던 준가르인들 가운데 천연두로 죽은 사람이 열에 넷이고, 러시아나 카자흐 지방으로 도망친 사람이 열에 둘, 그리고 청군에게 죽임을 당한 사람이 열에 셋이었다고 한다. 수천 리의 초원에 천막 하나 볼 수 없게 된 상황이 되어 버린 것이다. 건륭제는 후일 「어제십전기」(御製十全記)를 지어 열 가지 무공을 성취한 자신을 일컬어 '십전노인'(十全老人)이라 불렀다. 그 중에서도 두 차례의 원정을 통해 준가르를 무너뜨린 것을 가장 으뜸으로 꼽았는데, 사실 이로써 지난 2000년 동안 유라시아의 초원을 누비면서 문명세계를 끊임없이 위협해 오던 유목국가가 완전히 막을 내렸으니 건륭제의 자찬도 무리라고 할 수만은 없을 것이다.

아무르사나

나는 오래 전에 청조가 준가르를 정복할 때 장군들이 중앙에 올린 상주문과 황제의 칙유를 모아서 편찬한『평정준가르방략』(平定準噶爾方略)이라는 글을 읽으면서 아무르사나라는 인물에 대해 매우 실망감을 느꼈고 이런 의구심까지 품은 적이 있다. 어떻게 그는 '비겁하게' 적국에 투항할 수 있으며 또 그들의 '앞잡이'가 되어 동족들을 제압한 뒤에 '뻔뻔스럽게' 다시 청조에 반기를 들 수 있단 말인가. 그러나 과연 그는 이런 비판을 받아야 마땅한 인물일까. 이 의문에 성급한 결론을 내리기 전에 먼저 생각해 보아야 할 점은 만약 우리가 준가르의 붕괴 과정에서 벌어진 일들을『준가르방략』이라는 책을 통해서만 재구성한다면 결국 청나라측의 입장에서 볼 수밖에 없다는 사실이다. 그렇게 되면 우리는 우리도 모르는 사이에 준가르를 멸망시킨 건륭제의 '위업'에 감탄하고 그가 마땅히 해야 할 일을 한 것처럼 생각하게 된다. 그러나 입장을 바꿔서 아무르사나 혹은 준가르인들이라면 그 때 벌어진 일들을 어떻게 생각했을까. 현재 준가르인들의 손으로 씌어진 자료가 없기 때문에 그것을 알 수는 없는 노릇이지만, 아마 청나라 사람들과는 분명히 다른 생각을 했을 것이다.

이 점에서 아무르사나를 주인공으로 한 몽골인들의 민담은 우리에게 많은 점을 생각케 한다. 금세기 초 러시아의 학자들은 과거 준가르인들의 후예를 찾아가 그들 사이에 전해지던 민담과 민요를 수집했는데, 거기에 투영된 몽골인들의 아무르사나상(像)은『준가르방략』에 보이는 것과는 판이했다. 여러 다른 형태의 민담이 있지만 그 중 대표적인 것 하나만 소개하면 이러하다.

귀족의 아들로 태어난 아무르사나는 '우 장군'과 '시드르 왕'이라는 두 사람을 절친한 벗으로 사귀었다. 장성하여 청조에 의해 높은 직책에 임명된 이 세 사람은 어느 날 은밀히 만나 서로 힘을 합해 청조를 무너뜨리고 통일된 몽골인의 나라를 세우자고 뜻을 모았다. 그리고는 늘 몸에 지니고 다니던 불상(佛像)을 넣은 금속상자에 이마를 부딪치면서 맹세를 했다. 그 때 시드르 왕의 부인이 옆에 있다가 우 장군이 갖고 있던 상자에서 탱 — 하는 소리가 나는 것을 듣고 의심을 품게 되었고, 나중에 은밀히 그것을 열어 보니 불상이 들어 있지 않은 빈 상자였다는 것을 알게 되었다. 시드르 왕의 부인은 남편에게 그 사실을 알리고 우 장군의 맹세를 믿지 말라고 경고했으나 남편은 그것을 무시해 버리고 오히려 자기 부인을 나무랄 뿐이었다.

한편 우 장군의 부인은 청조의 왕족 출신이었는데 그녀는 자기 남편에게 세 사람이 꾸미는 계획의 무모함을 말하면서 조정에 사실대로 보고하라고 부추겼고, 우 장군은 부인의 말대로 음모의 내용을 알리게 되었다. 그 뒤 아무르사나와 두 친구는 북경에서 온 소환장을 받았다. 먼저 조정에 도착한 시드르 왕은 그 즉시 처형되었고, 뒤이어 그 사실도 모른 채 아무르사나는 우 장군과 함께 북경을 향해서 출발했다. 도중에 두 사람은 우연히 마차를 바꾸어 타게 되었고 북경에 도착하기도 전에 이들을 마중하는 사신이 왔다. 사신은 마차가 바뀐 사실을 몰랐기 때문에 아무르사나를 우 장군으로 오인하여 황제의 친서를 건네 주었는데, 거기에는 기회를 보아 아무르사나를 포박하라는 내용이 적혀 있었다. 이렇게 해서 아무르사나는 친구의 배신을 알게 되었고 그 길로 북쪽으로 도주했다.

그를 놓친 청조는 다와치를 시켜 추격토록 했고 아무르사나는 그의 추적을 피해 여러 곳으로 도망다녔다. 기진맥진한 채 한 강가에 도착한 그는 준가르의 한 용사를 만나 준마를 선물받아 그것을 타고 도주했다. 그러나 다와치는 그의 뒤를 쫓아와 거의 말꼬리를 낚아챌 정도까지 근접했지만, 마침내 아무르사나는 강을 건너 러시아인들의 땅으로 도주했다. 그 뒤 아무르사나는 그 곳에 살면서 기회만 있으면 군대를 모아 청나라의 지배를 무너뜨리고 몽골인들을 해방시키려고 했지만, 지금 그는 죽고 그의 손자가 그 곳에 살고 있다.

이상이 준가르의 후예들 사이에 전해지고 있는 민담의 대체적인 줄거리인데, 나는 그 내용이 역사적 사실과 일치한다고 생각하지는 않는다. 우 장군과 시드르 왕은 허구의 인물일 가능성이 크고, 다와치가 청나라를 위해 아무르사나를 추적했다는 내용도 사실과 다르다. 그러나 이 민담에서 중요한 점은 거기에 투영된 아무르사나의 모습이 중국측 자료에 나타난 것과 너무도 다르다는 사실이다. 다시 말해 거기에 보이는 그의 모습은 동족들에게 크나큰 불행을 몰고 온 장본인이자 용렬한 도망자가 아니라, 몽골인들의 독립과 자유를 위해 만주족 청나라에 용감히 맞선 사람, 비록 동료의 배신에 의해 계획이 실패로 돌아가긴 했지만 먼 러시아 땅에서도 몽골의 독립을 위한 꿈을 버리지 않은 인물로 묘사되어 있다.

이처럼 아무르사나의 모습이 중국측 보고서와 몽골인 민담 속에 전혀 다르게 그려지고 있는 것은 왜일까. 물론 기록으로서의 정확성에서 민담이나 설화 따위가 보고서에 미칠 수 없을 뿐 아니라 사실이 왜곡되고 허구가 끼여들 수 있다는 것을 부인하려는 것은 아니다. 다만 이 같은 차이는 준가르의 멸망을 보는 양측의 시각 자체가 근본적으로 달랐다는 사실을 입증하는 것이다. 청조측은 약탈이나 일삼고 툭하면 자기들끼리 싸움이나 하는 야만집단을 복속시킨 것으로 보았지만, 몽골인들은 음모와 배신과 계략을 통해 짓밟히고 독립의 희망마저 빼앗겨 버린 것으로 생각했던 것이다.

동아시아의 역사를 돌아볼 때 한자로 된 자료에 의존할 수밖에 없는 우리는 자신도 의식하지 못하는 사이에 중국의 관점에 서게 된다. 우리는 비서구 사회에 대한 서구인들의 편견에 찬 이해방식을 두고 '오리엔탈리즘'(Orientalism)이라 부르며 비난을 가한다. 그러나 중국과 그 주변 세계를 이해할 때 우리는 그와 똑같은 편견에 빠져들게 되니, 그것은 '동양적 오리엔탈리즘'(Oriental Orientalism)이라고 부를 수도 있을 것이다. 도대체 어떻게 하면 이 같은 편견에서 벗어날 수 있을까.

초원의 노래

나는 한동안 책상 위에 아시아 지도를 거꾸로 놓고 본 적이 있다. 그 이유는 북방민들의 시점(視點)에 나를 놓아 보고 싶었기 때문이다. 과거 북방의 유목민들은 동·서·남·북과 같은 방위를 나타낼 때 좌·우·전·후라는 말을 흔히 사용했다. 군대를 편성할 때에도 중국에서는 동로군·서로군과 같은 표현을 쓰지만, 몽골인들은 좌익·우익이라는 용어를 썼다. 한때 초원에 거대한 제국을 건설하고 자신들의 문자를 만들어 그것으로 비문까지 남겼던 돌궐(突厥)의 한 군주는 이렇게 말했다.

내 이 말을 잘 듣고 단단히 들어라. 앞쪽으로 해가 뜨는 곳에, 오른쪽으로 해가 한가운데인 곳에, 뒤쪽으로 해가 지는 곳에, 왼쪽으로 밤이 한가운데인 곳에, 그 안에 있는 백성들이 모두 내게 복속하고 있다.

여기서 우리는 돌궐인들이 해가 뜨는 북방을 '왼쪽'으로 남방을 '오른쪽'으로 칭했음을 알 수 있다. 그것은 그들의 방향 설정이 기본적으로 동향(東向)이었기 때문이다. 그러나 몽골인들의 경우는 달랐다. 그들에게 왼쪽은 동방을, 그리고 오른쪽은 서방을 뜻했다. 그것은 그들이 남쪽을 향해 바라보았기 때문이다. 이 때문에 나는 우리와 다른 방

스웨덴 사람 레나트가 준가르에서 가지고 온 지도. 발하시호가 뒤집혀 있는 모습에도
알 수 있듯이 우리의 지도와는 반대로 북쪽이 아래에 위치해 있다.

향 관념을 지닌 그들에 관한 자료를 읽으면서 상당한 불편을 느끼지
않을 수 없었다. 북쪽이 위에 놓여 있는 우리의 지도를 보아 오던 습관
이 익어 있어 순간적으로 좌익을 서쪽으로 착각하는 경우가 많았고,
그래서 아예 지도를 거꾸로 놓고 본 것이었다.

　그런데 언젠가 나는 매우 재미있는 지도를 하나 보게 되었다. 그것
은 레나트(J. G. Renat)라는 사람이 1734년에 스웨덴으로 가지고 온 지
도였다. 이 사람의 운명도 기구했다. 그는 1709년 스웨덴과 러시아 사
이에 벌어진 전투에 참가했다가 포로가 되어 시베리아 지방으로 유배
되었다. 그러다가 1716년경 그 곳을 습격한 준가르에 다시 포로가 되
어 일리 지방으로 끌려갔다. 살난의 쇄인이 밑에 주듯 당시 준가르인

들은 청나라나 러시아를 상대하려면 기마전만으로는 역부족이고 소총이나 대포로 무장할 필요성을 느꼈다. 포병 상사 출신인 레나트는 그들의 그러한 필요를 충족시켜 줄 만한 기술을 갖고 있었다.

이렇게 해서 그는 17년간 준가르인들을 위해 봉사하다가 석방되어 고향으로 돌아올 수 있었다. 이 때 그는 봉사의 대가로 준가르의 군주로부터 두 장의 지도를 선물로 받아 왔고 현재 그것은 스웨덴 왕립도서관에 보존되어 있다고 한다. 이 지도들에는 준가르인들이 사용하던 문자도 씌어 있다. 흥미로운 사실은 바로 이 지도가 우리가 통상 보는 것과는 달리, 북쪽이 아래로 내려가 있고 남쪽이 위로 놓여 있다는 점이다. 내가 책상 위에 지도를 거꾸로 놓은 것도 아주 황당한 발상만은 아니었던 셈이다.

거꾸로 된 지도는 물론 처음에는 매우 낯설게 느껴졌지만 조금씩 익숙해지면서 새로운 느낌이 들기 시작했다. 북쪽을 위에 놓고 지도를 볼 때에는 춥고 황막하게만 느껴지던 북방이 내 가슴 쪽 가까이에 놓이게 되자 도리어 그 곳이 편안하게 들어왔고, 반대로 만리장성 이남의 중국이 오히려 더 무덥고 갑갑하게 느껴졌다. 나착도르지(D. Natsaghdorji)가 몽골 땅의 아름다움을 노래하며 지은 「나의 조국」의 시구들도 마음 속에 와 닿기 시작했다.

알타이와 항가이 사이, 기름진 처녀지여!
선조들이 묻혀 있는 우리의 영원한 숙명의 땅.

황금빛 태양 아래 넘실거리는 대지여!
은빛 달 아래서 영원한 땅,
이 곳이 나의 조국, 아름다운 몽골리아!

몽골 고원의 오르콘 강가에 서 있는 돌궐시대의 비문. 퀼 테긴이라는 왕족이 죽은 뒤 그의 업적을 기리는 내용이며, 한문과 돌궐문으로 새겨져 있다.

초원의 아름다움은 그것을 직접 보고 느끼지 않은 사람에게는 쉽게 상상이 가지 않을지도 모른다. 지난 여름 나는 하루 종일 지프를 타고 내몽골 초원을 달린 적이 있다. 어디를 둘러보아도 푸른 초원과 끝없이 펼쳐진 지평선밖에 보이지 않았다. 그래서 그런지 그 곳의 하늘은 무척 낮아 보였고 마치 반구형의 천막을 나지막이 펼쳐 놓은 듯했다. 지금부터 1300여 년 전 유목민이었던 선비(鮮卑)족이 북중국에 세운 나라인 북제(北齊)의 한 장군이 자신의 고향이었던 바로 이 내몽골 초원을 그리워하며 불렀다는 「칙륵가」(勅勒歌)라는 노래가 있다.

칙륵천(勅勒川)이 있는 음산(陰山) 아래

몽골제국 시대에 여러 마리의 소가 귀족의 텐트를 옮기는 모습을 상상한 그림

하늘은 궁려(穹廬)와 같아 온 들판을 덮었네.
하늘은 푸르디푸르고, 벌판은 넓디넓은데
바람이 불어 풀이 눕자
소와 양이 보이네

여기서 '궁려'는 바로 유목민들이 사는 천막을 가리키는 말이다. 일찍이 당나라 때 안사고(顔師古)라는 사람은 '궁려'라는 단어에 대해 천막의 모양이 궁륭(穹隆) 즉 하늘과 같아서 그렇게 불렀다고 설명한 적이 있다. 그러나 이것은 중국인다운 발상일 뿐 사실 궁려라는 말은 '수레'를 뜻하는 '캉글리'(qangli)라는 투르크어를 옮긴 것이라고 보는 게 옳을 것이다. 왜냐하면 그 말이 한자로 궁려(穹廬)뿐 아니라 宮廬, 宮閭, 弓閭(우리말로는 모두 '궁려'로 발음) 등으로 다양하게 표기되었기 때문이다. 중세 이래 몽골인들의 주거는 나뭇가지로 골조를 세우고

고대 유목민들은 요즘처럼 조립식 천막을 사용하지 않고, 이렇게 수레 위에 고정된 집에서 이동생활을 했다.

그 위에 모포를 뒤집어씌운 조립식 천막으로서, 이동할 때는 그것을 다시 해체하여 수레에 싣고 옮겨 다녔지만, 그 이전에는 완성된 형태의 천막을 수레 위에 고착시킨 채 이동하면서 그 곳에서 지냈다. 따라서 고대 중국인의 눈에는 수레 자체가 유목민들의 집으로 여겨졌고, '수레＝캉글리'를 중국식 발음으로 가깝게 옮기다 보니 위에서 열거한 여러 형태의 한자들이 동원된 것이다.

궁려의 어원이야 어떠하건 광활한 초원은 유목민들의 영원한 고향이었다. 특히 준가르인들이 살던 천산 북방의 율두즈 초원은 유라시아에서도 가장 아름다운 곳의 하나로 꼽히고 있다. '율두즈'라는 말은 '별'을 뜻한다. 1995년 여름 나는 그 곳에서 하룻밤을 지낸 적이 있는데, 그날 밤 천막에서 나와 하늘을 올려다보는 순간 이루 말로 다 할 수 없이 많은 별들이 쏟아져 들어왔다. 어떤 별들은 쏜살같이 달려가기도 하고 또 어떤 것은 꼬리를 잔영으로 남기며 아래로 띨어서 내리기도 했다. 세상에 별들이 저렇게 많다니. 서울 하늘의 매연을 '궁려'로 삼으며 살아 온 나로서는 잊지 못할 광경이었다.

그 때 나는 종족의 말살을 무릅쓰면서도 율두즈 초원의 고향을 찾아 돌아왔던 한 몽골 부족의 심정을 이해할 수 있을 것 같았다. 준가르의 붕괴와 함께 최후의 유목국가는 지상에서 사라져 버렸고 이 율두즈 초원에는 인적이 끊어지게 되었다. 그러나 어떻게 이렇게 아름다운 초원이 그냥 버려질 수 있겠는가. 준가르가 망하기 140년 전 고향을 떠나 멀리 볼가 강으로 이주해 갔던 십수만 명의 몽골인들이 이제는 아무도 없이 버려진 고향으로 다시 발길을 돌렸으니, 토르구트(Torghut)라는 이름으로 알려진 이 부족민들의 귀향은 유목민들이 겪은 쇠락의 처절했던 한 장면을 보여 준다.

토르구트의 귀향

준가르 연맹체의 일부를 구성하던 토르구트 부족 약 4만 호가 일리 계곡을 떠나 서쪽으로 이주하여 러시아 영내 볼가 강 부근에 정착한 것은 1630년대의 일이었다. 이들은 무엇 때문에 고향을 떠나 그 먼 곳까지 갔을까. 한 마디로 그 이유를 밝히기는 어렵지만 아마 준가르 내부에서 벌어진 격렬한 내분과 약탈전, 또 그로 인해 빚어진 목지의 부족 때문인 것으로 보인다. 볼가 강 유역과 흑해 북방의 평원도 훌륭한 목초지가 펼쳐져 있어 옛날부터 스키타이와 같은 유목민들의 근거지가 된 곳이다.

그 곳으로 이주한 토르구트인들은 러시아 황제의 종주권을 인정하면서 유목생활을 계속했다. 러시아는 그들이 뛰어난 기마병이라는 점을 감안하여 반란의 진압이나 스웨덴 혹은 오스만 투르크와의 전쟁에

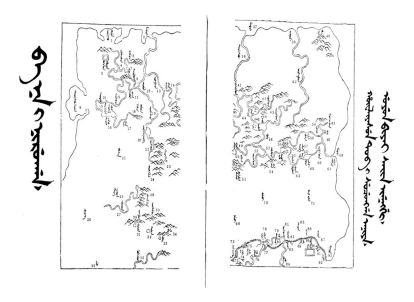

1714~15년 토르구트족에 사신으로 다녀온 툴리셴(圖理琛)이 쓴 보고서
『이역록』(異域錄)에 그려진 지도

서 그들을 군대에 징발하기도 했다. 그러나 이 같은 징발은 토르구트
인들에게 점차 견디기 힘든 부담이 되었고, 게다가 점증하는 러시아
농민들의 이주로 인해 유목할 초원이 잠식되어 갔다. 준가르가 멸망한
것이 바로 이 때였고, 그들은 이제 주인이 없는 옛 고향으로 되돌아갈
계획을 세우게 된 것이다.

　당시 토르구트족의 수령이었던 우바시(Ubashi)는 1770년 가을 노
토전쟁(露土戰爭)이 벌어졌던 코카서스 전선에서 돌아온 직후 서너 명
의 수령들과 회동을 갖고 다음 해 초에 볼가 지역을 떠나기로 결의했
다. 이미 러시아 정부는 토르구트인들이 다른 지역으로 이주할지도 모
른다는 정보 보고를 받은 바 있어 그들의 동태를 수시하고 있었기 때

문에 회동과 그 결정 내용은 극비에 부쳐졌다. 마침내 떠나기로 약속한 전날, 우바시는 부족민들을 불러모아 귀향 계획을 공포하고 대소 수령들에게도 다음 날 아침 볼가 강 동쪽 연안에 집결하라고 알렸다. 러시아측에게는 의심을 사지 않기 위해 거짓말을 했다. 즉 동쪽 초원에 사는 카자흐족이 약탈했던 것에 대한 보복을 위해 출정한다고 둘러 댄 것이다.

드디어 약속의 날이 밝았다. 1771년 1월 5일 새벽, 우바시는 먼저 토르구트족을 감시하기 위해 그 곳에 파견되어 주둔하던 러시아 군영을 급습하여 무력화시켰다. 가져가기 힘든 큰 솥이나 가재도구는 모두 버리고 노약자들은 마차와 낙타에 태웠다. 이렇게 해서 볼가 강 동쪽 연안에 집결한 부족민은 모두 3만 3000호에 17만 명이었는데, 이는 예상보다 적은 숫자였다. 그것은 강 서쪽에서 유목하던 부족민들이 결빙된 강을 건너 합류하기로 되어 있었지만 강물이 얼어붙지 않아서 오지 못해서였다.

우바시는 이 무리를 셋으로 나누어 자신은 중군을 이끌고, 나머지를 좌우 날개로 하여 동쪽으로 이동하기 시작했다. 이렇게 해서 그들의 험난한 귀향이 시작된 것이다. 토르구트족이 떠났다는 보고를 접한 러시아의 여제 예카테리나는 즉시 군대를 보내 그들의 행진을 저지하라고 명령했다. 이 지시가 전달되기도 전에 그들은 이미 우랄 강가에 도착했고 그 곳에 배치되어 있던 러시아 군영들을 습격한 뒤 3일 만에 무사히 강을 건널 수 있었다. 그러나 아직도 한겨울인 초원의 추위는 매서웠다. 그들은 엠바 강 근처에 머물며 땔감을 구해다 불을 지피면서 잠시 머물 수밖에 없었지만, 그래도 많은 사람들이 얼어 죽고 말았다. 밤새 꺼져 가는 불 옆에 무리지어 모여 있다가 어느덧 동이 터서 주위를 둘러보면 같이 있던 사람들이 꽁꽁 얼어 버린 시체로 변해 있을 정도였다고 한다.

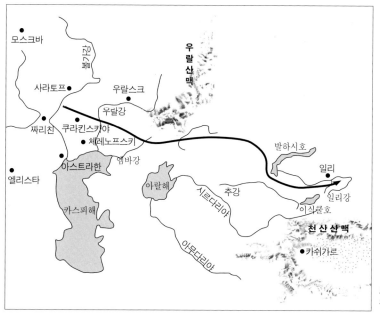

토르구트
귀환도

　　그들이 다시 행진을 시작한 것은 겨울이 끝난 4월이 되어서였다. 추위의 공포에서 벗어났지만 이제는 넓고 넓은 카자흐 초원을 횡단하지 않으면 안 되었고, 그 곳에 살던 카자흐족이 그들이 순순히 통과하도록 내버려 둘 리 없었다. 더구나 이미 러시아 정부로부터 저지해 달라는 통고를 받은 카자흐인들은 그들의 길을 막고 돌아갈 것을 요구했다. 우바시 칸은 협상을 통해 해결하려 했지만 실패로 끝났고 양측은 격렬한 전투에 돌입했다. 양측 모두 많은 사상자를 냈지만, 오랜 행진으로 기진한데다가 가족들까지 돌보아야 하는 토르구트측의 피해는 더 클 수밖에 없었다. 한때는 5만 명의 카자흐 기병들에게 포위되어 절멸 위기를 맞기도 했다. 그러나 포로로 잡은 카자흐인들을 풀어 주는 대신 3일간 휴전하기로 해서 말미를 얻었다. 그리고는 틈을 보아 적을 기습하여 포위망을 뚫고 나오는 데 성공했다. 이렇게 해서 그들

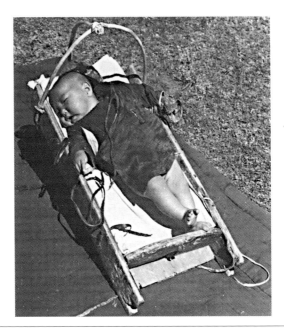

토르구트 아이의 모습. 유목민의 아이들은 이런 식으로 가축에 실려
이동하는 데에 단련되어 있다.

은 카자흐 초원을 통과해 그 해 7월 8일 최종 목적지인 일리 계곡에
도달하게 된 것이다.

　그 곳에 주둔하던 청의 장군이 건륭제에게 올린 보고에는 볼가 강을
떠난 17만 명의 토르구트인들 가운데 살아서 돌아온 사람은 겨우 반
에 불과했다고 한다. 더구나 비록 고향이긴 하지만 140년 전에 떠난
곳인데 이미 전란으로 황폐화된 곳에서 새로운 터전을 만드는 일도 어
려웠기 때문에 많은 사람들이 다시 굶주림으로 목숨을 잃었다. 극도로
쇠약해진 그들에게 맹위를 떨치던 천연두는 더욱 치명적이었다. 우바
시도 처자식과 어머니까지 가족 모두를 천연두로 잃어버렸다. 이렇게
해서 그들이 귀향한 뒤 청조측이 인구조사를 한 결과는 4만여 명에 불

토르구트족의 귀환을 기념하기 위해 건륭제가 명령하여 세운
「토르구트전부귀순기비」(土爾扈特全部歸順記碑)

과하게 되었다.

토르구트족의 귀향. 건륭제는 이들의 귀환을 기념하고 자신의 덕치가 그들에게까지 미치게 되었음을 자축하기 위해 열하에 있는 황제의 피서산장에 거창한 비문을 세우기도 했다. 그러나 몽골인들의 입장에서 보면 이 비문은 한때 정복자로 온 세상을 떨게 했던 대몽골의 최종적인 몰락을 알리는 조곡(弔曲)일 뿐이었다.

예속과 분단

갈기를 날리며 달리는 말 위에서 칼을 휘두르며 비를 퍼붓듯 화살을 쏘아 대고, 만리장성을 조롱하듯 마음대로 중국으로 넘어 들어왔다가 표연히 초원 속으로 사라지곤 했던 기마민족의 후예들. 그들이 이제는 소총과 대포의 위력 앞에 무릎을 꿇고 만 것이다. 청나라의 지배를 받는 동안 그들은 재갈이 채워진 말처럼 길들여졌다. 청의 정책으로 인해 귀족과 평민 사이의 격차는 점점 더 벌어졌고, 불교 사원은 날이 갈수록 비대해져 갔다. 한 마리의 가축도 갖지 못하는 사람들이 무수히 생겨났으니 그들을 어찌 유목민이라 할 수 있겠는가. 생활고에 찌든 빈민들은 산으로 들어가 들짐승으로 연명하기도 하고 도시로 나가 품팔이 생활에 몸을 맡기기도 했다. 혹은 절로 들어가 허드렛일을 도와주고 가족의 끼니를 얻었고 그러다 운이 좋으면 라마승이 되기도 했다. 이들의 불만은 때로는 집단소송으로 때로는 폭동으로 터져 나오긴 했지만 아무 소용이 없었다. 1911년 신해혁명이 터지고 청나라가 무너졌을 때 몽골인들의 빈곤은 극에 달해 있었고, 그들 스스로 자신의 미래를 결정하고 실행하기에는 역부족이었다.

몽골민족 모두를 아우르는 독립국가를 건설하려는 노력은 좌절되고 말았다. 강대국들의 냉엄한 이해 관계는 그들의 염원과 희생을 돌아보지 않았고, 결국 그들은 고비 사막을 사이에 두고 분단되는 운명을 맞을 수밖에 없게 되었다. 이로써 1921년 외몽골만이 독립을 선언하게 되었고 내몽골은 중국령으로 남게 된 것이다. 물론 그것으로 그들의 고난이 모두 끝난 것도 아니다. 한쪽에서는 소련의 위성국으로 스탈린 치하의 악몽을 경험해야 했고, 또 다른 쪽에서는 국공내전과 항일전, 그리고 중공 성립 이후에는 문화혁명의 혼란 속에서 수없이 무고한 피를 흘렸기 때문이다.

원나라가 무너진 뒤 오랫동안 계속된 쇠락의 역사. 그것이 결국 한 민족이 남북으로 분단되는 곳까지 오게 한 것이지만, 몽골인들은 자기 선조들이 이룩했던 위대한 성취를 잊지 않고 있으며, 언젠가 자신들이 또 후손들이 다시 그것을 이루어 내리라고 믿고 있다. 그렇기 때문에 지금도 그들의 마음 속에는 1912년 몽골민족의 단일국가를 요구하는 한 라마승의 절규가 메아리치고 있는 것이다.

외몽골은 독립을 지키기 위해 중국인과의 전쟁을 택할 것입니다. 만약 그것이 실패하면 우리도 내몽골과 같은 운명으로 북경에 종속되고 말겠지만, 외몽골이 남쪽의 형제들을 노예로 만듦으로써 그 대가로 자유를 사느니 차라리 몽골인 한 사람도 남지 않고 싸우다 죽는 쪽을 택하겠습니다. 몽골인은 가난하고 또 잘 배우지도 못했지만 자유를 사랑합니다. 그렇기 때문에 중국의 노예도 러시아의 노예가 되는 것도 바라지 않는 것입니다.

4장
성묘(聖墓)를
찾아서

조선족 작가 한락연(韓樂然)의 1946년 작(作), 「길가의 예배」(途中作禮拜).
위구르인들의 경건한 종교 세계를 잘 담아내고 있다.

투르판

나는 지금도 신강에 처음 발을 들여 놓았던
그 날의 기이한 느낌을 잊을 수 없다.
유네스코 탐사대가 신강에서 가장 동쪽에 위치한 하미(哈密)에서
점심을 먹고 투르판을 향해 출발한 시각은 오후 1시 반.
가도 가도 끝이 없는 황량한 사막뿐이었고,
오른쪽으로는 멀리 천산산맥의 끝자락이 눈에 들어왔다.
잠시 차를 세우고 밖으로 나가니 거칠 것 없는 사막을
휘몰아치는 바람에 몸이 흔들릴 지경이었다.

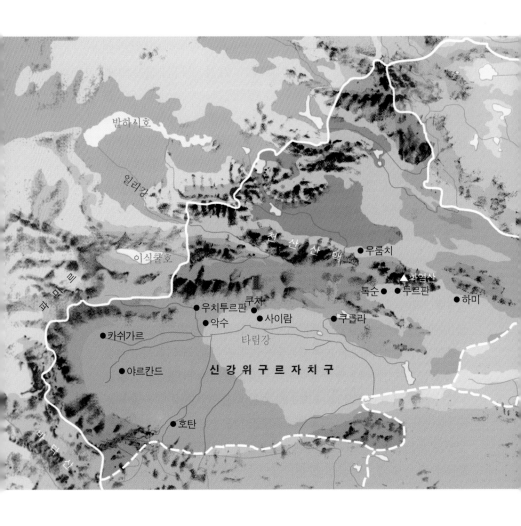

마치 불길이 타오르는 듯한 형상을 한 화염산의 모습

선선현(鄯善縣)을 통과한 차는 끝도 없는 심연을 향해 계속 내려가
는 듯했다. 시계는 벌써 10시를 가리키고 있었고 해는 뉘엿뉘엿 낙조
를 띠고 있었다. 옆의 일본인 학자가 갖고 있는 고도계의 눈금이 0에
멈추어 섰다.

길 양쪽으로 우리를 에워싼 기괴한 협곡을 지나니 다시 평지가 나타
나고 오른쪽으로는 웅크린 듯 앉아 있는 화염산(火焰山)의 거대한 몸
체가 드러났다. 『서유기』(西遊記)의 무대로도 유명한 화염산은 정말
불길에 휩싸인 듯 황혼의 붉은 빛을 받아 타오르고 있었다. 그러나 사
실 그 불길은 수십 수백만 년의 세월이 흐르면서 풍우에 의해 깎인 자
취일 뿐이었다. 왼쪽으로는 끝없는 사막 사이에 고창성지(高昌城址)가
유령처럼 흩어져 있고, 그 사이로 곧바로 뻗어 있는 길을 달리는 차의
바퀴 소리만 원초의 정적을 흔들었다. 고도계는 벌써 100m를 가리켰

다. 이 곳이 지구상에서 사해(死海) 다음으로 낮은 지역이라는 사실이 실감났다.

황량한 벌판에 줄지어 뻗어 나간 조그만 분화구들이 눈에 들어왔다. 그것은 땅 밑으로 수로(水路)를 굴착하기 위해 지상에서 파 올린 흙무덤들이었다. 길을 따라 서 있는 전봇대들은 마치 공동묘지의 십자가처럼 보였고, 그것은 실크로드를 따라갔던 수많은 사람들의 죽음을 말해 주는 상징물처럼 눈에 들어와 꽂혔다. 사방으로 번져 가는 어둠과 희뿌옇게 퍼져 가는 안개 속에 덮여 있는 나지막한 구릉과 산들. 어디선가 금방이라도 바닷물이 쏟아져 밀려들 것 같은 고요와 공포. 투르판 시내에 도착한 것은 밤 11시가 넘어서였다. 그렇게 해서 나는 신강에서의 첫 밤을 맞았다.

나는 그 후로도 방학을 이용하여 시간만 나면 신강의 여러 곳을 찾아 돌아다녔다. 차 바퀴가 푹푹 빠지는 타클라마칸 사막을 지나기도 하고, 만년설에 쌓인 파미르 설봉 사이의 계곡을 오르기도 했으며, 천산산맥 북쪽으로 펼쳐진 초원에서 밤을 지내기도 했다. 거기서 본 장엄하고 변화무쌍한 대자연의 신비를 잊을 수는 없을 것이다. 또한 여기저기 흩어져 있는 옛 도시의 허물어진 성벽과 불사(佛寺)의 유적지, 산기슭에 벌집처럼 나 있는 석굴 속의 벽화들, 어디를 가나 소담한 모습으로 우리를 반기는 이슬람 사원들도 기억에서 지워지지 않는다. 그러나 나의 뇌리의 가장 깊은 곳에 남아 지금도 눈을 감으면 선하게 떠오르는 모습은 장엄한 대자연도 고졸한 유적지도 아니다. 그것은 바로 그 곳에 사는 사람들의 표정과 눈동자이다.

우리는 카쉬가르나 호탄의 거리에서 수많은 위구르인들을 만날 수 있다. 후들거리는 바지에 때묻은 와이셔츠를 쑤셔 넣고 콧수염을 기른 청년들. 조금은 촌스러운 무늬의 원색 원피스를 입고 길가에 앉아 있는 여인들. '돕바'라는 빵모자를 쓰고 먼지가 뽀얗게 앉은 눈썹 아래의

장터로 가는 위구르 일가족의 모습. 아직도 그들에게는 노새가 끄는
수레가 보편적인 교통수단이다.

귀여운 눈망울로 쳐다보는 어린아이. 긴 도포를 입고 하얗게 센 긴 수
염을 날리며 교차로에 서서 어쩔 줄 몰라하는 할아버지. 내게 그들은
그저 관광지에서 만나는 현지인일 수는 없었다.

그들의 역사에 대해 관심을 갖고 그들의 선조들이 남긴 글을 읽으며
나는 그들의 현재에 대해 어떤 애정이나 연민 같은 것을 느꼈고, 나의
연구가 그들에게 조금이라도 도움이 되어야 한다는 생각을 하게 되었
다. 만약 그들에 대한 연구가 나 자신의 밥벌이를 위한 방편이나 지적
인 탐구 자체로 끝나 버린다면 거기에 무슨 생명이 있을까. 역사학이
과거 인간들의 활동을 연구하는 학문이라면, 거기서 주체가 되는 인간
에 대한 공감이 없는 역사학은 결국 논리의 왕국 안에 쌓아올린 거대
한 신기루 궁전에 불과한 것이 아니겠는가.

그래서 우리는 위구르인들의 역사와 그들이 살고 겪어 온 발자취를 뒤돌아보면서 그들이 정말로 소중하게 여기는 것은 무엇이며 진정으로 갈구하는 것은 무엇인가를 알 필요가 있다. 조금이라도 그들의 소망과 아픔을 알고 같이 느낄 수 있을 때 어렴풋이나마 그들을 이해할 수 있기 때문이다. 이제 마치 아물지 않은 상처를 다시 들추어 보듯 그들의 아픈 과거를 돌이켜보려는 까닭도 바로 거기에 있는 것이다.

이슬람으로의 개종

지금부터 600년 전 아르샤드 웃 딘(Arshad ad-Din)이라는 이름의 성자가 있었다. 어렸을 때 그는 아버지와 함께 카탁(Katak)이라는 이름의 도시로 가서 그 곳 주민들에게 이슬람을 선포하고 그들을 개종시키기 위해 애썼다. 그러나 아무리 노력해도 주민들이 자신의 말에 귀를 기울이지 않자 그는 신의 분노가 그들에게 닥칠 것이라는 마지막 경고를 남긴 채 도시를 떠나 버렸다. 마침 그를 따라 함께 오던 무에진(하루에 다섯 번의 기도 시간을 알리기 위해 첨탑 위에서 소리치는 사람)이 잊은 것이 있어서 시내로 되돌아갔다가 마지막으로 첨탑 위로 올라가 기도를 알리는 소리를 외쳤다. 그런 뒤 그는 다시 내려와 문을 열고 첨탑 밖으로 나가려 했지만 문은 꼼짝도 하지 않았다. 그가 꼭대기로 올라가 사방을 살펴보니 하늘에서 무엇인가가 쏟아지고 있었는데 그것은 바로 모래였다. 얼마 안 있어 모래는 가옥들의 지붕을 덮어 버렸고 결국 첨탑의 끄트머리 약간만 남기고는 모든 것이 모래에 묻혀 버렸다. 그는 첨탑에서 모래 위로 뛰어내려 밤중에 아르샤드 일행과 합류했다.

그 뒤 아르샤드 부자는 악수라는 곳으로 갔다가 병사들에게 붙잡혀

쿠차에 있는 아르샤드 웃 딘의 성묘에 걸린 현판. '천방'은 멕카를 가리킨다.

한 왕자에게로 끌려갔다. 그 때 마침 그 왕자는 자기가 기르는 개에게 돼지고기를 먹이고 있었는데, 아르샤드의 아버지를 보자 대뜸 이렇게 물었다고 한다.

"네가 이 개보다 더 나을 것이 무엇이냐?"

그는 이렇게 대답했다.

"내게 믿음이 있기 때문에 이 개보다 더 낫습니다."

왕자는 그에게 '믿음'이라는 것이 무엇인지 캐묻기 시작했고, 그의 설명을 들은 왕자의 가슴은 '이슬람에 대한 열망'으로 가득해졌다고 한다. 그러나 왕자는 그에게 지금 왕을 비롯한 모든 사람들이 이슬람을 믿지 않으니 자기 혼자 새 종교를 받아들일 경우 위험할지도 모른다고 하면서, 자기가 왕이 되면 반드시 찾아오라고 당부했다.

얼마 후 아르샤드의 아버지는 아들에게 언젠가 반드시 왕자를 찾아가 보라는 유언을 남기고 세상을 떠났다. 아르샤드는 이세 왕이 된 그를 찾아갔고, 왕은 약속대로 이슬람으로 개종했다. 그러나 귀족들의 반대가 만만치 않았다. 그 중에서 어떤 사람은 만약 아르샤드가 천하장사로 소문난 자기 부하와 씨름을 해서 이긴다면 자기도 이슬람을 순순히 믿겠다고 했다. 왕은 그런 제의가 어디 있느냐고 펄쩍 뛰었지만, 옆에서 가만히 듣고 있던 아르샤드는 왕을 제지하고는 도전을 받아들이겠다고 나섰다. 왜소한 체구의 아르샤드는 골리앗과 같은 장사와 마주하는 순간 손바닥으로 가볍게 상대방의 가슴을 쳤고 그 일격에 거구는 고목처럼 쓰러져 의식을 잃고 말았다. 이것을 본 사람들은 모두 그의 발 아래 머리를 조아렸고, 그 날로 10만 명이 넘는 사람들이 이슬람으로 개종했다는 것이다.

이 일화는 16세기 중반에 씌어진 『라시드의 역사』라는 글에 나오는 것이다. 물론 이 이야기가 이적(異蹟)을 소재로 한 설화적인 내용이긴 하지만, 아르샤드라는 인물이 있었고 그의 가르침을 받아들여 투글룩 티무르라는 왕이 이슬람으로 개종했다는 것은 분명한 역사적 사실이며, 그의 시신은 지금도 쿠차라는 도시에 있는 한 성묘에 안치되어 있다. 나는 신강을 처음 방문한 해에 쿠차라는 도시에서도 그의 묘지를 찾아간 적이 있다. 묘지는 그리 크지 않은 건물 안에 위치해 있는 데, 문을 들어서면 건물 중앙에 '천방열성'(天方列聖)이라는 글자가 씌어진 현판이 눈을 가로막는다. '천방'이란 이슬람의 성도 멕카를 가리키는 표현이니, '천방열성'이란 이슬람의 성자를 뜻하는 말이다. 청나라 말 광서제(光緖帝) 때 나라에서 내려준 현판이라고 한다.

그런데 사실 위구르 민족의 이슬람화가 이처럼 아르샤드 웃 딘 부자가 행한 이적, 혹은 하나의 특별한 사건을 계기로 갑작스레 이루어진 것은 아니다. 이 일화는 장기간에 걸쳐 점진적으로 이루어진 중앙아시아의 이슬람화 과정에서 나타난 하나의 흥미로운 일화일 뿐이다. 9세기 중반 몽골리아 초원을 버리고 이 곳으로 이주한 위구르인들은 원주

미르자 하이다르가 저술한 『라시드의 역사』(옥스퍼드 대학 보들레이 도서관 소장본).
아르샤드 웃 딘 부자가 행한 이적이 기록되어 있는 부분이다.

민들과 섞이면서 처음에는 불교를 믿었고, 그러다가 서서히 이슬람으로 바뀌게 된 것이다. 심지어 마르코 폴로가 이 곳을 거쳐 여행한 14세기경에도 신강의 동부 지역에는 여전히 불교도가 주민의 다수를 이루고 있을 정도였다. 그러나 일단 이슬람을 받아들인 위구르인들은 그 후 오늘에 이르기까지 다른 어떠한 종교도 받아들이지 않았다.

어떤 사람은 역사상 이슬람으로 개종한 민족치고 다른 종교로 다시 개종한 민족은 찾아볼 수 없다고까지 말한다. 물론 역사적 사례를 세밀히 뒤져 본다면 예외를 찾을 수 없는 것은 아니겠지만, 어쨌든 그 같은 단언은 우리로 하여금 이슬람이라는 종교를 다시 한 번 생각하게 한다. 앞에서 언급한 회족에 관한 이야기에서도 도대체 그들에게 이슬람이 무엇이기에 그토록 많은 사람들이 목숨을 던졌을까 하는 의문은 느낀 독자도 있었을 것이다. 과연 이슬람이라는 종교가 지닌 힘은 무엇일까.

이슬람의 힘

우리가 이슬람에 대해 갖고 있는 막연한 생각 가운데 상당 부분은 사실 서구인들의 편견을 그대로 반영하고 있다. 7세기 아라비아에서 이슬람이 출현한 이래 서구 기독교권은 줄곧 수세에 몰려 있었다. 북아프리카와 스페인이 무슬림들의 수중에 들어갔고 비잔틴 제국은 무슬림들의 공격을 막아 내기에 급급했다. 십자군 전쟁도 상황을 근본적으로 바꿀 수는 없었다. 이런 관계가 변화하기 시작한 것은 13~14세기에 이르러서였다. 이슬람권 전체가 몽골인들의 말발굽에 유린될 때 서구도 오랜 중세의 잠에서 깨어나기 시작했다. 스페인에서 진행된 서구인들의 '수복'(reconquista)은 1492년 그라나다 왕국을 함락시킴으로써 종결되었다. 바로 그 해에 콜럼버스가 신대륙을 '발견'한 것도 결코 우연은 아니었다. 1492년은 서구와 이슬람권의 관계가 역전되기 시작했음을 알리는 상징적인 해였다.

이런 서구가 이슬람이라는 종교에 대해, 또 그것을 믿는 무슬림들에 대해 호의적인 생각을 가졌을 리는 없다. 서구인들이 이슬람을 생각할 때 머릿속에 떠올리는 대표적인 이미지는 광신과 폭력이었다. 우리도 학교에서 "한 손에는 칼, 한 손에는 코란"이라는 말을 배운 적이 있다. 이슬람을 받아들이지 않으면 잔인하게 죽여 버린다는 뜻이니, 이슬람의 광신성과 폭력성을 이처럼 함축적으로 표현하는 말이 또 있을까. 그러나 역사의 진실은 그렇지 않았다. 어느 종교를 믿는 사람이라도 자신의 신앙을 지고의 것으로 여기는 것은 당연하다고 할 수 있다. 무

이슬람교의 경전인 『꾸란』의 첫 페이지. 오른쪽이 제1장 '파티하'이다.

슬림들도 이 점에서 예외는 아니다. 그러나 그들은 같은 종교를 믿지 않는다고 해서 무자비한 도살을 자행하지는 않았다. 기독교도나 유태교도를 '경전을 소유한 민족'으로 인정했고, 각자 자기들의 예배를 올리고 공동체를 이루는 것을 허용했다. 이슬람은 기독교보다 더 잔인한 것도 또 더 관대한 것도 아니다. 절대 유일신을 믿는 종교로서 모두 똑같은 자부심과 두려움을 갖고 있을 뿐이다.

그것을 가장 잘 보여 주는 것이 이슬람의 경전인 『꾸란』이다. 이것은 모두 113장으로 이루어져 있는데, 그 가운데 제일 먼저 나오는 것이 '파티하'(Fatiha)라는 장이다. 모든 장들이 그러하듯이 "자비하고 자애로우신 알라의 이름으로!"라는 구절로 시작하는 이 개장(開章)은 다음 7행의 시구로 이루어져 있다.

『꾸란』의 모든 장은 이 구절로 시작된다. 아랍어로는 '비스밀라힐 라흐마닐 라힘'으로 발음되며,
'자비하고 자애로우신 알라의 이름으로!'를 뜻한다.

세상의 주인이신 알라께 찬미를!
자비하고 자애로우신 분.
최후의 날의 주재자
당신을 경배하고
당신께 구원을 비나이다.
우리에게 올바른 길을 보여 주소서.
당신께서 은총을 베풀어 주신 사람들의 길, 노여움을 받지 않는
사람들의 길, 실족하지 않는 사람들의 길을!

이 구절은 마치 기독교의 주기도문처럼 진정한 무슬림이라면 누구
나 다 암송하고 있다. 여기에는 유일신 알라의 자비로움에 대한 확신,
최후의 날에 있을 그의 분노에 대한 두려움, 구원을 위해 올바른 길을
걷고자 하는 간절한 소망 등이 담겨 있다. 옛날에는 무슬림들이 전투
에 임할 때면 모두 입을 모아 이 구절을 읊고 자신의 목숨을 알라에게
맡긴 뒤 전장에 뛰어들기도 했다.

그러나 이슬람의 힘은 『꾸란』에 담긴 강력한 메시지에서만 나오는

것이 아니다. 나는 이슬람이라는 종교가 그 신도들에게는 마치 우리가 항상 먹는 밥이나 김치와 같은 것이라고 생각한다. 양복을 입고 자동차를 타고 컴퓨터를 사용하는 오늘날에도 우리는 우리의 주식인 밥과 김치를 버리지 못한다. 외국에 나가 오래 산 한국인들도 마찬가지이다. 말하자면 우리는 우리 고유의 음식에 중독되어 있다. 이슬람의 힘은 사실 그 교리 자체보다는 그것을 믿는 사람들에 의해 형성된 종교 공동체에서 나오는 것이다. 그들은 출생에서 사망에 이를 때까지 겪는 모든 일들에 대해 기준과 규범을 제시해 주는 이슬람 율법에 의해 하나로 묶여 있기 때문에, 그 공동체 안에 머물러 있을 때 비로소 자신의 정체성을 확인하고 편안하게 느끼는 것이다. 무슬림들은 이 같은 공동체를 '움마'라고 부른다. 중국과 같이 비무슬림이 절대 다수인 환경 속에서도 무슬림들이 자신의 종교를 위해 죽음까지 마다하지 않은 까닭은 바로 이 '움마'가 지닌 끈질긴 생명력 때문인 것이다.

불교의 자취

어느 민족이나 새로운 종교를 받아들일 때 과거의 모든 것을 다 버리지는 않는다. 옛날에 유행하던 종교적 관념이나 예식들의 일부는 다른 옷을 입고 새로운 종교에 수용되는 법이다. 기어츠(C. Geertz)와 같은 학자는 똑같은 이슬람이지만 아프리카의 모로코와 동남아시아의 인도네시아에서 그것이 그 지역 토착문화적 환경에 적응하면서 어떻게 변화했는가를 생생하게 보여 준 적이 있다. 우리가 여기서 이야기하는 위구르인들의 이슬람도 마찬가지였다. 그들이 그 전에 믿던 불교나 여러 토착신앙들이 이제 새로운 종교인 이슬람 속에 용해되어 간 것이다. 우리는 앞서 말한 아르샤드 웃 딘이라는 성지의 이야기 속에서 그 좋은 예를 발견할 수 있다. 그 설화는 이미 이슬람이 들어오기 오래 전부터 그 지역에서 유포된 것이었기 때문이다.

7세기에 인도로 구법여행을 다녀온 삼장법사(三藏法師) 현장(玄奘)이 『대당서역기』(大唐西域記)라는 글을 남겼다는 것은 다 아는 사실이다. 거기서 그는 호탄이라는 도시의 동쪽에 있는 비마(媲摩)라는 곳에 전해지는 전설을 소개하고 있다. 옛날에 그 근처에 갈로락가(曷勞落迦)라는 도시가 있었고, 거기에는 높이가 사람 키의 두 배쯤 되는 불상이 하나 있었다고 한다. 그것은 원래 부처님 생전에 인도 북부에서 만들어졌다가 부처님이 세상을 떠난 다음 그 곳으로 날아온 것이었다. 그러나 비마의 주민들은 그 불상을 공경하려 하지 않았고, 오히려 매일같이 그 앞에서 절을 올리며 모시던 한 나한(羅漢)을 매도하기만 했다. 왕이 그의 신분을 의심하여 그에게 모래를 뒤집어씌우게 하여, 그는 모래 속에서 먹지도 못할 지경이 되었다. 그 때 그에게 몰래 음식을 가져다 준 사람이 있었는데, 나한은 그 도시를 떠나기 전에 그에게 앞으로 7일 동안 밤낮을 가리지 않고 모래가 비처럼 내려 모든 것이 뒤덮여 버릴 것이라고 경고해 주었다.

나한이 떠나간 뒤 그에게 경고를 받은 사람은 시내의 주민들에게 닥쳐올 위험을 알려 주었으나 모두 믿지 않고 그를 비웃을 뿐이었다. 할 수 없이 그는 혼자 성 밖으로 나가 굴을 파고 들어가 피신했다. 그 뒤 7일 동안 불어닥친 모래폭풍은 성 안의 모든 것을 덮어 버렸고 사람과 가옥과 보물이 모두 묻히게 되었다. 동굴 속에서 목숨을 건진 그 사람은 동쪽으로 옮겨 비마에 이르렀는데, 이 때 불상도 그를 따라왔다고 한다. 그 후로 갈로락가는 거대한 흙더미로 변해 버렸고, 사람들이 모래 아래 묻힌 보물을 찾기 위해 가까이 가기만 하면 맹렬한 폭풍과 함께 연기가 피어 올라 길을 잃고 말았다고 한다.

현장이 기록한 이 전설의 내용이 그로부터 1100년도 더 지난 뒤에

현장의 『대당서역기』 가운데 한 도시가 모래폭풍으로 덮이는 설화가 기록된 부분

씌어진 『라시드의 역사』에 나오는 것과 너무도 흡사하지 않은가. 물론
이 지방에서는 모래폭풍이 진귀한 현상이 아니며 현지인들은 그것을
'부란'(buran)이라고 부른다. 나 자신도 1995년 카쉬가르 근교에서 그
비슷한 것을 본 적이 있는데, 갑자기 하늘이 시커멓게 변하면서 거센
바람이 불어닥치고 거리는 온통 미세한 모래로 가득 찼다. 사람들의
얼굴에는 두려움의 표정이 역력했다. 뿐만 아니라 사막을 바로 코앞에
두고 있는 오아시스 도시들은 언제나 이동하는 모래언덕의 위협을 받
고 있기 때문에, 도시나 마을 주변에는 몇 겹으로 방사림(防砂林)을
만들어 놓고 있다.

그러나 앞에서 소개한 두 설화는 이러한 공통적인 자연현상을 주제
로 해서 우연히 일치한 것이라고 보기에는 그 구성과 전개 과정이 너
무도 비슷하다. 갈로락가라는 도시가 카탁으로 바뀌었고, 불심이 깊은
나한이 무슬림 성자로 변신했으며, 동굴로 숨은 신지가 첨탑으로 피신

신강에는 이처럼 실제로 모래에 덮여 버린 도시와 촌락들이 많다. 탐험가와 학자들은
이런 곳을 발굴하여 많은 자료들을 발견했다.

한 무에진으로 둔갑했을 뿐이다. 그렇다면 이러한 사실은 우리에게 무
엇을 말해 주는가. 그것은 종교는 불교에서 이슬람으로 바뀌었어도 그
것을 믿는 사람들의 정신세계를 이루고 있는 어떤 부분들은 그대로 이
어진다는 사실이다. 불교가 흥륭하던 시대에 성소(聖所)였던 곳은 이
슬람이 도래한 뒤에도 여전히 성소로서 경배의 대상으로 남은 것이다.
  우리는 그러한 예를 여러 군데에서 찾을 수 있다. 현장법사의 글에
는 호탄의 서쪽에 있던 '사마약'(娑摩若)이라는 큰 가람에 대한 기록
이 있다. 그런데 금세기 초 이 곳을 찾은 영국 학자 스타인은 바로 그

위치에서 현지인들이 '소미야'(Somiya)라고 부르는 마을이 있고, 그 근처에 있는 조그만 구릉은 여전히 주민들이 경배하는 성소로 여겨지고 있다고 보고했다. 아마 사마약이라는 발음이 소미야로 바뀐 것 같다. 뿐만 아니라 '지가파박나'(地迦婆縛那)라는 곳에도 가람이 있었는데, 스타인이 방문했을 때 그 곳에는 '보바 캄바르'(Bowa Qambar)라는 성자의 묘지가 있었다고 한다. 따라서 스타인이 타클라마칸 사막의 남쪽 변두리를 끼고 발굴한 여러 군데의 불교 유적지가 이슬람을 믿는 위구르인들의 성소와 일치한 것은 결코 우연이 아니었다.

나귀의 성묘

이처럼 불교시대의 성소가 이슬람 이후에도 그대로 이어졌으며, 실제로 이슬람 시대에 들어와 순교자나 성자의 죽음과 관련하여 새로 생겨난 것이 더해졌다. 게다가 연유도 이름도 알 수 없는 것까지 있으니 성묘의 숫자는 많아질 수밖에 없었다. 그러다 보니 역사적 실상과는 너무나 동떨어진 어처구니없는 성묘들도 생겨났다. 예를 들어 다른 나라에 엄연히 묘지가 있는 성자들의 묘지나 실존하지 않는 허구의 인물들의 묘지가 생겨나게 된 것이다.

이와 관련해서 스웨덴의 탐험가 헤딘은 그가 들은 다음과 같은 흥미로운 일화를 소개하고 있다. 옛날에 어느 곳엔가 모든 사람들이 신성시하는 성묘가 있었고, 원근 각지에서 그 곳에 참배하러 오는 사람들의 발길이 끊이지 않았다고 한다. 그들은 참배를 마친 뒤 자신의 기원을 성취하기 위해 돈이나 옷감 혹은 가축을 갖고 와서 헌납했고, 자연 그 성묘를 관리하는 이맘은 아주 넉넉한 생활을 하게 되었다. 그 이맘 밑에서 수행하던 제자 한 사람이 하루는 자기도 넓은 세상으로 나가

호탄에 있는 이맘 자파르의 성묘. 실제 그의 묘지는 이라크에 있기 때문에 호탄에 있는 것은
허묘에 불과하지만, 어쨌든 현지 주민들에게는 매우 성스러운 곳이다.

자신의 행운을 찾아보겠노라고 결심하고, 스승으로부터 나귀 한 마리
를 얻어서는 길을 나섰다고 한다.

　그는 나귀를 끌고 이곳 저곳을 헤매었지만 아무도 그를 알아 주지
않았다. 하루에 한 끼조차 먹지 못하는 날이 허다했고 그를 따라다니
던 나귀도 결국은 병에 걸려 길가에 쓰러져 죽고 말았다. 나귀를 땅에
묻고 난 그는 앞길이 막막해서 바닥에 주저앉아 그 무덤 앞에서 대성
통곡을 하며 울었다. 지나가던 사람들이 의아해하며 우는 연유를 묻자
그는 가장 고귀한 분이 죽었기 때문에 슬퍼서 우는 것이라고 대답했
다. 그러자 사람들은 그 무덤에 묻힌 '고귀한 분'을 위해 기도하고 헌
금을 한 뒤 돌아갔다. 이 성묘가 신통한 능력을 발휘한다는 소문이 입

투르판 근처의 토육(Toyuq)이라는 곳에 있는 성묘. 현지 주민들은 기독교의 설화에도 나오는 '7인의 잠자는 성자들'이 여기에 묻혀 있다고 믿고 있다.

에서 입으로 전해지면서 점점 더 많은 사람들이 모여들었고 참배객들이 바치는 헌금으로 그는 묘지도 그럴싸하게 꾸미고 사당도 지었다.

하루는 이 유명한 성묘에 관한 소문이 그의 옛 스승의 귀에 들어갔고 그 역시 이 성묘를 찾아왔다. 참배를 마친 그가 헌금을 하면서 성묘의 이맘을 가만히 살펴보니 과거 자신의 제자였던 바로 그 사람이었다. 그는 놀라서 제자에게 다가가 이렇게 물어 보았다.

"도대체 여기 묻혀 있는 분이 누구인가?"

그 제자는 주위를 살핀 뒤 그의 귀에 속삭였다.

"바로 스승님이 제게 주신 그 나귀입니다."

그리고 뒤이어 그는 스승에게 물었다.

"그런데 스승님, 스승님이 모시고 있는 성묘에는 어느 분이 묻혀 있는 겁니까?"

그러자 그는 이렇게 대답했다.

"바로 여기 묻혀 있는 분의 부친이라네!"

아팍 호자의 성묘

앞에서 소개한 나귀의 성묘는 극단적인 경우이긴 하지만 지금도 우리는 신강 각지에서 이름도 알 수 없는 성묘들을 만나 볼 수 있다. 주민들은 거기에 누가 묻혀 있는지도 잘 모르지만 열심히 시주를 하고 기도를 올리며 자신들의 소망을 위탁한다. 그러나 역사적으로 실존했던 인물들의 성묘도 적지 않으니, 그 중 가장 대표적인 것이 아팍 호자의 성묘이다. 카쉬가르를 방문하는 관광객이라면 거의 빼놓지 않고 들러 보는 곳이기도 한 이 성묘는 햇빛 아래 반짝이는 녹색의 타일들로 덮인 돔을 머리에 인 채 위구르 민족이 지나온 300년의 뼈아픈 역사를 조용히 말해 주고 있다. 카쉬가르 서북쪽 근교에 위치한 이 성묘는 색색의 꽃들로 가득한 정원을 앞에 두고 서 있는데, 그 규모가 보는 사람을 압도할 정도로 큰 것은 아니다. 높이 30m에 사방 둘레가 130m 정도이니 카쉬가르에서 제일로 꼽히는 관광명소라고 하기에는 다소 아쉽기도 하다.

성묘 안에는 아팍 호자의 일족과 후손들의 시신 72구가 수십 개의 봉토(封土) 아래 나뉘어 안치되어 있다. 현지의 위구르인들은 이 묘역을 가리켜 '하즈라티의 성묘'(하즈라티는 '존자'尊者를 뜻한다) 혹은 '아팍 호자의 성묘'라고 부른다. 그러나 이 묘지는 한족들이나 관광객들에게는 '향비묘'(香妃墓)라는 이름으로 더 잘 알려져 있다. 즉 향비라는 여자가 묻혀 있는 묘지라는 말이다. 여러 개의 봉토 가운데 하나에는 정말로 '이파르한'이라는 아랍문자가 쓰인 것이 있는데, 이파르한이라

아팍 호자의 성묘 안에 보존되어 있는 목제 가마. 향비의 시신이 여기에 실려 왔다고 한다.

는 말은 '향기가 나는 여인'이라는 뜻의 위구르어이다. 또한 한쪽 구석
에는 북경에서부터 그녀의 시신을 싣고 온 운구용 가마도 있는데, 나무
로 만들어졌으나 낡고 오래 된 품이 100~200년은 족히 되어 보인다.

  향비에 대해서는 다음과 같은 전설이 내려오고 있다. 지금부터 200
여 년 전 청나라 군대가 이 곳을 정복했을 때 그에 저항한 한 수령의
딸이 있었다. 그녀는 태어날 때부터 몸에서 향기가 났다고 한다. 그녀
에 관한 소문을 들은 건륭제는 그녀를 북경으로 불러들여 자신의 비
(妃)로 삼았다. 황제는 고향을 그리는 그녀의 마음을 달래기 위해 서
역풍의 궁전을 세워 주기도 하고 그녀가 목욕할 수 있는 욕탕도 지어
주었다. 그러나 황제의 총애에도 불구하고 그녀는 끝까지 잠자리를 거
부했고, 부모의 원수를 갚겠다며 소매 속에 늘 단도를 지니고 다녔다
고 한다. 이 말을 들은 황태후는 황제에게 여러 차례 경고했지만 그가
귀를 기울이지 않자, 황제가 궁전을 비운 틈을 이용해 그녀를 불러 목

아팍 호자의 성묘(일명 향비묘)의 전경

을 매어 죽도록 했다. 후일 회궁한 황제는 그녀의 죽음을 슬퍼하며 생
전의 희망에 따라 시신을 나무로 만든 가마에 실어 고향인 카쉬가르로
보냈고, 이런 연유로 그녀의 시신이 안치된 아팍 호자의 묘지는 '향비
묘'라는 이름을 얻게 되었다는 것이다.

오늘날 '향비묘'를 찾는 관광객들은 안내인으로부터 이런 전설의 이
야기를 듣는다. 중국의 『인명대사전』이나 일본에서 편찬된 『아시아 역
사사전』에도 그렇게 기술되어 있다. 태어나면서부터 몸에서 방향을
풍긴 아름다운 여인 향비. 망국의 슬픔을 안고 북경에서 죽임을 당한
그녀의 이야기가 지니는 극적인 요소들로 말미암아 그녀의 전설은 시
가나 연극의 소재로 즐겨 등장하기도 한다. 그러나 과연 이 전설은 사
실일까. 그런 여인이 정말로 존재했을까.

향비와 용비(容妃)

이 의문을 풀자면 우리는 먼저 건륭제의 후비들 가운데 위구르 출신의 여인이 있었는가를 찾아보아야 할 것이다. 그런데 『청사고』(淸史稿) 「후비열전」(后妃列傳)에는 후비들 중에 향비라는 이름이 보이지 않고 대신 '회부(回部)의 호자씨(和卓氏) 출신'인 용비라는 여인이 기록되어 있다. 여기서 '회부'란 '회민들이 사는 지역'을 뜻하며 현재 위구르인들이 사는 신강의 또 다른 명칭이었고, '호자'란 이슬람권의 종교 귀족을 일컫는 칭호였다. 따라서 이 용비라는 인물이 혹시 설화의 주인공 향비가 아닐까 추측해 볼 수 있다.

그렇다면 과연 용비라는 여자는 망국의 한을 품고 절개를 지키다 죽임을 당했는가. 당시의 기록을 통해 그녀의 생애를 재구성해 보면 그것이 전혀 사실과 다름을 알 수 있다. 그녀가 북경에 도착한 것은 청군이 신강을 점령한 다음 해인 1759년으로 1734년에 출생한 그녀는 당시 26세의 나이였다. 그녀와 함께 북경에 온 숙부들과 종형제들은 조정으로부터 관직을 하사받았고, 그녀 역시 1760년경이면 귀인(貴人)에 봉해진다. 당시 건륭제의 나이는 50세였다. 그녀는 귀인에서 빈(嬪)으로 승급되었다가 35세 되던 해인 1768년에는 비(妃)의 칭호를 부여받게 된다. 그녀는 황제가 지방을 순시할 때 여러 차례 동행할 정도로 총애를 받다가, 1788년 즉 55세 되던 해에 사망했다.

그러나 그녀가 황태후에 의해 죽임을 당했다는 기록은 어디에서도 찾아볼 수 없다. 오히려 황태후가 그녀보다 11년이나 먼저 사망했다는 기록만 있으니 설화에서 이야기되듯 황태후가 그녀를 처형했다는 것은 불가능할 수밖에 없다. 뿐만 아니라 그녀의 일족들도 모두 북경에서 고위관직을 부여받고 누차 조정으로부터 후한 상급을 하사받아 부귀영화를 누린 인물들이다. 만약 그녀의 아버지가 청군에 대항하여 싸우던 위구르인들의 수령이었다면 이것이 가능했겠는가. 현재 그녀의 아버지가 누구였는가에 대해서는 학계의 의견이 통일되어 있지는 않으나, 청이 신강을 정복할 때 청군을 도운 인물이라는 점에서는 일치하고 있다.

그렇다면 향비, 아니 용비의 시신은 어디에 묻혀 있는가. 청나라 황제들의 능침은 세 곳에 두어졌는데, 건륭제는 그 중에서 동릉(東陵, 유릉裕陵이라고도 한다)에 안치되었고, 현재 하북성 준화현(遵化縣)에 위치해 있다. 그의 후비였던 용비의 묘도 바로 그 곳에 있는 것이 확인되었다. 1979년 우연히 용비묘의 입구가 허물어져 학자들이 내려가 조사해 본 결과, 묘지는 이미 도굴된 상태였고 목관에도 커다란 구멍이 나 있었다고 한다. 그 안에는 귀중한 물건이 하나도 남아 있지 않았으나 표면에는 위구르 문자로 알라를 찬양하는 『꾸란』의 구절이 몇 줄 씌어 있었다. 또한 용비의 유골도 발견되었는데, 그것을 분석한 결과 그녀가 50이 넘어서 사망했으며 한족과는 다른 신체적 특징을 갖고 있음이 밝혀졌다. 유골을 통해 살아 있을 때의 땀이나 기타 분비물의 특징까지 알 수 있다고 하는 과학적 분석을 통해 그녀가 '태어나면서부터 몸에서 향기를 내뿜었다'는 어떠한 증거도 찾아 낼 수 없다는 결론이 내려졌다.

이러한 여러 문헌적 · 고고학적 증거들은 우리에게 무엇을 말해 주는가. 그것은 아팍 호자의 성묘에 있는 '향비' 혹은 '이파르한'을 둘러싼 설화가 역사적 사실과 부합되지 않는 허구라는 점이다. 그렇다면 어떤 연유로 향비의 설화가 유포되었으며 아팍 호자의 성묘에 있는 '향비'라는 인물은 도대체 누구인가. 현재까지 우리가 접할 수 있는 자료들에 의하면 19세기 말까지는 '향비'라는 인물에 관한 언급이 어디에도 보이지 않기 때문에, 설화의 역사가 매우 짧다는 사실은 분명하다. 그 즈음 신강에 파견된 한인들의 글 속에 '향비'에 관한 언급이 나

향비의 상상화. 이 밖에도 향비의 초상은 두어 개 더 있지만 모두 상상에 기초한 것이다.

타나기 시작하다가 20세기에 들어오면서 더욱 널리 유포되었다.

1858년 카쉬가르를 방문한 한 사람의 여행기에는 그가 그 곳에 가기 2년 전 북경에 있던 호자 가문의 한 후손의 시신이 북경에서 카쉬가르로 운구되어 아팍 호자의 성묘에 묻혔다는 기록이 보인다. 어쩌면 현재 그 곳에 놓여 있는 나무로 된 낡은 가마는 그 때 가져온 것일지도 모른다. 혹시 건륭제의 후비였던 용비의 이야기가 이러한 몇 가지 사실들과 결합되고 그럴싸한 극적인 요소가 가미되면서 생겨난 것은 아닐까.

어쨌든 향비의 설화는 불과 100년 정도의 역사밖에 되지 않지만 위구르인들 사이에 널리 퍼져 나갔다. 그들은 이 설화를 사실이라고 믿었고 '향비'를 그 뜻에 걸맞은 '이파르한'이라는 이름으로 불렀다. 그들이 이처럼 향비의 설화를 적극적으로 수용한 데에는 나름대로의 이유가 있는 듯하다. 빼어난 미모를 지녔으면서도 망국의 한을 지우지 못하고 끝까지 청나라 황제의 요구를 거절하다가 죽임을 당한 그녀의 일생은 청에게 정복당한 그들의 상처난 자존심을 어루만져 주었을 것이다. 즉 역사상의 용비는 청과 타협한 가문의 일원이었지만 설화상의 향비는 청에 저항하다가 순절한 여인으로 묘사되었다. 이렇게 해서 위구르인들은 역사에서 이루지 못한 염원을 설화를 통해 이룬 셈이다. 그러나 위구르 민족진영의 분열은 역사적 사실이었기에, 그것을 알지 못한다면 향비의 설화를 사실로 믿고 싶어했던 그들의 마음도 이해하지 못할 것이다. 이제 설화의 세계를 넘어 역사의 현장으로 들어가 보도록 하자.

호자 가문의 분열

20세기 초까지 위구르인들 사이에는 '호자'라는 존칭으로 불리던 특수한 집단이 있었다. 이들은 예언자 무함마드의 후손으로 특수한 능력을 가졌으며 갖가지 기적을 행할 수 있다고 믿어졌기 때문에 이슬람을 신봉하던 많은 위구르인들에게는 숭배와 존경의 대상이었다. 현재 이 호자들에 관한 전기가 여러 종 전해지고 있는데, 거기에는 그들이 행한 이적이 기록되어 있다. 예를 들어 지팡이로 땅을 치면 샘물이 솟아나 사막이 옥토로 변했다든지, 먼 지방에 있는 사람이 홀연히 다른 곳에 나타났다든지, 혹은 중병에 걸리거나 심지어 숨이 끊어진 사람까지도 신비한 치유의 능력으로 회생시켰다든지 하는 것들이다.

원래 한 가문에 속했던 이들은 신비주의 교단을 형성했고 종교적 권위를 바탕으로 세속적인 권력도 강화해 나갔다. 신도들은 헌금을 통해 그들의 경제적 기초를 확고히 해 주었고, 호자들의 말 한 마디에 몸과 마음을 다 바쳐 헌신할 각오가 되어 있었다. 그러나 17세기로 들어오면서 호자 집안 안에서 주도권을 둘러싼 싸움이 벌어지면서 두 지파로 갈라져 대립하게 되었고, 사람들은 그것을 '백산당'(白山黨)과 '흑산당'(黑山黨)이라는 이름으로 불렀다. 이들은 상대방을 압도하기 위해 세속의 군주나 귀족과 같은 권력층과 손을 잡았고, 이로 인해 이 지역의 정치는 극도의 혼란으로 치닫게 되었다.

오늘날 카쉬가르에 있는 '향비묘'의 실질적인 주인 아팍 호자는 바로 이 백산당의 거두였다. 그는 적대세력에 밀려 도저히 그 곳에 머물수 없게 되자 국외로 망명을 떠나게 되는데, 이 때 그가 간 곳이 티베트 지방이었고 그는 달라이 라마를 찾아가 도움을 요청했다고 한다. 무슬림이 다른 무슬림을 치기 위해 불교도에게 지원을 청했다는 사실을 믿기는 어렵지만 그의 전기에 기록된 내용이다. 달라이 라마는 그에게 편지 한 장을 써 주고는 천산산맥의 북쪽 초원에 근거지를 두고 있던 서몽골의 군주 갈단을 찾아가 보도록 했다. 갈단이라는 인물에 대해서는 앞 장에서도 설명했듯이 달라이 라마로부터 '축복받은 칸'이라는 칭호를 받은 사람이다. 당시 칭기스칸에 버금가는 대제국을 건설하려는 야망을 품고 있던 갈단에게 군대를 지원해 달라는 아팍 호자의 요청은 더없이 좋은 기회였다. 그는 1680년경 아팍을 앞세우고 군대를 파견하여 천산산맥 남쪽 지역을 정복했고, 나라를 잃은 위구르인들은 그로부터 약 70년간 몽골인들의 지배를 받게 된다.

물론 아팍 호자와 그의 일족은 몽골의 대리인으로 행세하며 위구르인들 위에 군림했다. 종교인이 세속 권력까지 장악했기 때문에 어떤 사람은 이를 '신성국가'(神聖國家)라고 부르기도 한다. 결국 아팍 호자는 외세를 이용해 자신의 적을 거꾸러뜨리고 정권을 장악하긴 했지만, 위구르인들이 독립을 잃고 몽골의 식민지로 전락하게 만든 장본인이라는 비난을 면하기 힘들다. 그의 전기에 의하면 그 자신도 후일 크게 후회했다고 한다.

어쨌든 그 일로 인해 백산당과 흑산당 사이의 골은 더욱 깊어질 수밖에 없었다. 양측은 앞을 다투어 몽골 지배층에게 잘 보임으로써 상대방을 제압하려고 애썼고, 몽골인들의 태도 여하에 따라 그들의 운명은 바뀔 수밖에 없었다. 그런 상황에서 위구르 민중들의 생활은 날로 악화되어 갔다. 많은 수의 위구르인들이 고향을 떠나 천산 북방으로 끌려가 초원을 개간하고 농사를 짓도록 강요받았다. 몽골인들은 농사짓는 걸 싫어하는 유목민이었지만 그래도 곡식은 필요했기 때문이다. 오늘날 천산 북방에 주요 도시들이 생겨나고 많은 위구르인들이 그 곳에 살게 된 것도 바로 이 농군들이 이주한 뒤부터였다.

호자 형제의 죽음

1750년대에 들어와 서몽골 국가를 무너뜨린 청나라는 그 여세를 몰아 위구르인들이 살던 천산 남쪽도 자기 지배하에 두려고 했다. 그러나 호자들은 몽골인의 지배가 무너진 것을 계기로 독자적인 정권을 세우기를 희망했다. 결국 청과의 충돌은 불가피해졌다. 이 때 청나라 장수를 살해하고 반청투쟁을 주도한 형제가 있었다. '호자 형제'라는 별명으로 불린 이들은 사실 아팍 호자의 증손자였다.

당시 총인구 30만 명 남짓하던 위구르인들이 모두 단합해서 청 제국과 싸웠어도 어려운 일이었을 것이다. 그런데 민족진영이 분열을 일으켰다면 그 싸움의 결과는 불을 보듯 뻔한 노릇이 아닌가. 아팍 호자 계통의 백산당에 반대하던 흑산당과 기득권을 잃을 것을 두려워한 많은 관리들이 정복 군대와 손을 잡은 것은 물론이지만, 아팍의 일족 안에서도 분열이 일어나 일부가 청군의 향도가 되었다. 앞서 말했듯이 청조를 도와 북경에서 고관이 된 용비의 일족은 바로 아팍의 동생 집안이었다.

호자 형제가 이끄는 위구르군은 쫓기고 밀려나 결국 가장 서쪽에 있는 카쉬가르와 야르칸드라는 두 도시를 마지막 보루로 삼아 저항했다. 그러나 거기서도 견디지 못하고 결국 1759년 여름, 인도로 도주하기 위해 파미르 산중으로 들어갔다. 이 때 그들을 따르던 무리는 4000명 정도였다. 그러나 당시 바닥샨 지방을 다스리던 군주는 호자 형제를 공격하여 그들을 포로로 잡았다. 얼마 후 그 군주는 이 형제를 무참하게 살해하고 말았다.

당시 호자 형제와 같이 있던 한 위구르 여인이 후일 청측에 그 전말을 보고한 내용이 남아 있다. 이에 따르면 칼을 든 사람들이 호자들이 갇혀 있던 방으로 들어와 먼저 동생의 머리를 베어 끈으로 묶은 뒤 형의 머리를 내리쳤다고 한다. 그의 숨이 끊어지지 않자 그녀는 그를 부둥켜안으며 울음을 터뜨렸고, 또 다른 시종은 자객 한 사람을 칼로 찔렀다. 그러자 사람들이 달려들어 그 시종을 죽이고 이어서 형 호자의 가슴을 수도 없이 칼로 찔렀다고 한다. 그 자리에 있던 위구르 여인도 칼에 찔려 혼절했다가 나중에 정신을 차렸으나 이미 호자 형제의 목은 잘린 뒤였다.

청조는 호자 형제의 죽음을 확인하기 위해 그들의 수급(首級)을 건네 달라고 요구했고, 청에 신하가 되겠다고 공언한 바닥샨의 군주로서는 거절하기 어려웠다. 그러나 바닥샨의 종교인들은 그에게 예언자 무함마드의 후손을 살해했다는 비난을 퍼부으면서 시신의 인도만은 절대로 안 된다고 반대하고 나섰다. 난처한 입장에 빠진 그는 시신의 인도를 거부하고 청조가 사람을 보내 검식하도록 했다. 이 때 검식하러 온 사람이 동생 호자의 이마에 있는 마마 자국을 보고 눈물을 흘리며

야르칸드에 있는 '황금의 묘역' (알툰 마자르). 호자 가문 가운데 '흑산당' 사람들이 여기에 묻혀 있다.

그의 머리임을 확인했다고 한다. 그 해 가을 청조는 바닥샨의 군주에게 압력을 가해 동생 호자의 수급을 받아 냈다. 그러나 형 호자의 시신은 어떤 위구르인에 의해 은닉되었기 때문에 청으로서는 받아 낼 방법이 없었다. 이렇게 해서 청나라는 위구르인들이 사는 지방을 정복했고 그 곳을 '새로운 강역'이라는 뜻에서 '신강'(新疆)이라고 이름하였다.

자항기르와 『노주굼』(Nozugum)

호자 형제의 죽음으로 위구르인들의 저항이 종결된 것은 아니었다. 왜냐하면 후일 그 후손들이 복수를 위한 '성전'을 외치며 나타났기 때문이다. 형 호자에게는 몇 명의 아들이 있었는데, 그 중 하나는 나이가 너무 어려 처형되지 않고 북경으로 끌려가 노비가 되었지만, 또 한 아이는 청군을 피해 파미르 서쪽에 있는 코칸드라는 나라로 도망쳤다. 이 아이가 장성하여 아들을 낳았으니 그의 이름이 자항기르, 즉 '세계의 정복자'라는 뜻이다.

조부의 한을 잊지 못하던 자항기르는 1820년 파미르를 넘어 청을 상대로 성전의 기치를 올렸다. 그러나 그것은 시작에 불과할 뿐이었다. 신강에는 이미 그를 따르는 백산당의 무리가 상당수에 이르렀고, 대리인을 통해 그들과 은밀히 내통하면서 일을 준비했던 것이다. 본격적인 성전은 1826년 여름에 시작되었다. 코칸드에서 그를 따르는 무리를 이끌고 파미르에서 많은 수의 유목민들을 합세시킨 그는 카쉬가르 성문 앞에 나타났다.

당시 카쉬가르는 두 개의 성으로 이루어져 있었다. 하나는 무슬림 위구르인들이 사는 '회성'(回城)이고 또 하나는 청군이 주둔하던 '한성'(漢城)이었다. 회성은 포위된 지 1주일 만에 간단히 함락되고 말았다. 이어 자항기르는 한성을 포위하는 한편 다른 도시들을 공격하기 위해 군대를 보냈다. 야르칸드와 호탄과 같은 대도시들이 하나씩 무너졌고, 식량이 다 떨어진 카쉬가르의 한성도 함락되었다. 신강의 서부 지역을 장악한 무슬림 군대는 동쪽으로 이동하면서 청군의 거점들을 위협하기 시작했다.

그러나 중국 본토에서 청의 대규모 지원군이 도착하면서 사태는 바뀌어 갔다. 무슬림이 함락한 도시들이 하나씩 다시 청군의 수중으로 넘어갔고, 1827년 4월에는 자항기르가 더 이상 발붙일 곳이 없게 되었다. 그는 파미르 산중으로 도망갔다가 청군의 추격대에 생포되었으니, 결국 북경으로 끌려가 처형되고 말았다. 그를 따라 성전에 참가했거나 도움을 준 사람들 역시 죽임을 당하거나 비참한 운명을 피할 수 없었다. 한 위구르 역사가의 기록에 의하면 당시 중국인들에게 노비로 넘

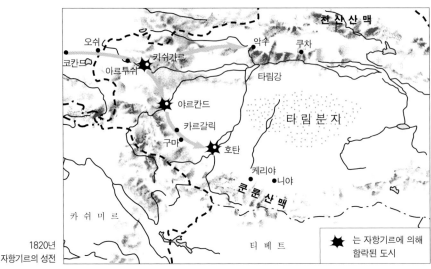

겨져 아이까지 낳게 된 위구르 부인들이 몇 년 뒤 풀려나 아이들을 데
리고 고향으로 돌아오게 되었는데, 자신들의 처지가 서러워 "노주굼,
어이! 어이, 노주굼!"이라고 소리내어 울면서 걸어왔다고 한다. 우리
말로는 '오, 가여운 나! 오, 가여운 나!'란 뜻이다. 이것이 오늘날 위구
르인들 사이에 전해지는 「노주굼」(Nozugum)이라는 민요의 기원이
되었다고 한다.

나는 1880년대에 한 러시아 학자가 수집한 위구르인들의 민요집에
서 그 가사를 우연히 보게 되었다. 그 내용을 우리말로 옮기면 아래와
같다.

낙타들은 가시덤불 들판 위에 있고
내 오빠 하나는 칼막크 사람들에게 붙들려 있다네.
뻔뻔스런 칼막크들이 나를 겁탈하러
산 위에서 네 명의 기병이 네 마리 회색말을 타고 내려오는데

넷 가운데 하나가 풍채도 당당한 내 오빠인가.
산에서 내려오는 흙탕물을 후루룩 마실 남자가 있을까.
'가여운' 내 머리에 불행이 닥쳤으니 데리고 도망갈 남자가 있을까.
마당에 있는 갈대가 흔들리면 소리가 나듯이
'가여운' 내 손은 잡히든 아니 잡히든 부러지고 말리라.
사흘 동안 갈대 숲에 숨어 지냈다네. 나를 찾고 뒤지는 동안.
중국 사람 칼막크 사람, '가여운' 나를 잡으러 찾고 다니네.
갈대 숲에 불을 지폈더니 숲에 불이 붙어서
솔론 사람, 나를 붙들어 눈을 파내려 하네.
'가여운' 내 팔을 묶고는 나를 죽이려 하니
카쉬가르에 있는 내 남편, 애간장이 다 타네.
끓는 가마에 국자를 던지고 쳐다보지도 않으니
당신은 거기에 우리는 여기에 있어 자리를 펴고 눕지도 못한다네.

이 위구르 민요의 가사는 각운(脚韻)이 맞고 두 줄 혹은 세 줄짜리 현악기인 도타르나 시타르의 반주에 맞추어 노래를 부를 수 있도록 되어 있으나, 우리말로는 도저히 그 운율을 살릴 수가 없다. 그래도 칼막크(＝몽골)인, 중국인, 솔론(＝만주)인 등 갖가지 사람들에게 붙잡히지 않으려고 숨어서 도망다니면서 고향에 있는 남편을 그리는 한 여인의 애달픈 처지는 충분히 읽을 수 있다. 그러나 그것은 한 '가여운' 여인의 모습을 넘어 당시 위구르 민중 모두에게 닥친 처지이기도 했다.

자항기르의 죽음이 성전의 마지막을 의미하지는 않았다. 19세기 중반으로 들어서서 청조 자체가 혼란에 빠지면서 신강 지배는 더욱 문란해지기 시작했고, 위구르인들의 처지도 날이 갈수록 악화되어 갔다. 자항기르의 일족들은 계속해서 성전을 부르짖으며 카쉬가르 지방으로 넘어왔고, 청조는 이들을 제어할 힘을 잃어 갔다. 이런 상황은 결국

자항기르의 초상. 북경으로 호송되던 중에 그려진 것인 듯하며
현재 일본 동경의 동양문고에 소장되어 있다.

1864년 대대적인 반란으로 이어졌고 청나라는 신강을 완전히 상실하
게 된 것이다.

좌절된 독립

1864년 신강에서의 반란은 위구르인들에게 독립을 가져다 주었고
13년 동안 독자적인 이슬람 국가를 갖게 해 주었다는 점에서 역사적
사건이다. 이 반란의 불길은 쿠차라는 도시에서 처음 타올라 신강 각
지로 퍼져 나갔는데, 그 발단은 청군이 무슬림들을 학살하려 한다는
'소문'이었다. 앞에서도 설명했듯이 이보다 2년 전에 회족들이 반란을
일으켰고 그 때문에 신강은 중국 본토와 완전히 차단되어 버렸다. 신

강에 주둔하던 청의 관리들은 위기감을 느낄 수밖에 없었고, 그래서 취한 과격한 조치들이 그러한 소문을 낳게 했던 것으로 보인다.

1864년 말경 청조의 지배는 완전히 붕괴되어 버렸다. 그러나 각지에서의 반란이 서로 긴밀한 연관 없이 일어났기 때문에 하나의 국가를 이룩하지 못하고 지역적으로 나뉜 6개의 반란정권이 들어서게 되었다. 그런데 놀라운 사실은 이들 정권에서 지도자로 추대된 사람들이 모두 종교인이었다는 것이다. 예를 들어 반란이 처음 일어난 쿠차에서는 앞서 말한 모래폭풍의 성자 아르샤드의 후손이 '칸'으로 추대되었고, 회족들의 정권이 들어선 우룸치에서는 자흐리 교단의 장로가 지도자가 되었다. 이러한 사실은 당시 위구르 대중들에게 종교인의 영향력이 얼마나 컸는지 입증해 준다.

그러나 이들 반란정권들은 곧 주도권 장악을 위한 내전에 돌입하게 되었고, 이 때 서쪽의 코칸드에서 넘어온 인물이 야꿉 벡이었다. 그는 아팍 호자의 후예 한 사람을 데리고 와서 명목적인 군주로 내세우고 카쉬가르를 근거지로 삼은 뒤, 하나씩 다른 세력들을 평정하기 시작했고 곧 신강의 거의 모든 지역을 아우르는 국가를 건설하였다. 그는 장차 있을 청과의 결전에 대비하여 근대식 소총과 화포를 구입하기 위해 주민들로부터 많은 세금을 거두었다. 또한 현지인이 아니었기 때문에 정권 유지를 위해 자기와 같은 고장인 코칸드 출신 사람들을 요직에 앉혀 위구르인들의 불만을 사기도 했다. 그는 이러한 불만을 무마하기 위해 자신이 이슬람의 수호자임을 강조했고 백성들에게는 율법의 엄격한 준수를 요구했다. 카쉬가르에 있는 아팍 호자의 성묘를 중수(重修)하게 한 것도 그런 이유에서였다.

당시 그를 직접 만난 적이 있는 사람들의 글을 보면 그는 매우 근엄한 인상을 풍겼던 것 같다. 한 위구르 역사가는 그를 이렇게 묘사했다.

야꿉 벡의 모습. 1875년 영국의 외교사절단이 그를 방문했을 때 찍은 사진으로 당시 중앙아시아
귀족들의 전형적인 복장을 하고 있다.

그는 보리처럼 꼿꼿한 몸과 꽃 같은 색깔의 얼굴과 부드러운 수염
을 지닌, 중키에 가슴이 딱 벌어진 사람이었다. 처음에는 자신을 절
제하고 신중하게 행동하여 율법의 규정을 지키며 지냈다. 행동거지
는 마치 경건한 성자나 교양 있는 학자와도 같았다. 좌정할 때면 기
도용 흰색 카펫이나 돗자리 위에 터번을 쓰고 마치 낙타처럼 무릎을
꿇고 앉았다. 허리를 묶는 혁대를 풀거나 책상다리를 하고 앉아 있
는 것을 본 사람은 하나도 없었다.

야꿉 벡의 예상대로 청조는 신강을 탈환하기 위해 대규모 군대를 보
냈다. 이미 내지에서의 반란을 진압하여 유명해진 좌종당(左宗棠)은
청군을 이끌고 먼저 섬서성과 감숙성의 회족반란을 진압한 뒤 신강으
로 들어왔다. 당시 영국과 러시아의 언론들은 청군의 낙후된 전력으로

는 도저히 야꿉 벡의 군대를 누를 수 없다는 데에 일치된 견해를 보였다. 그러나 여기서 야꿉 벡은 치명적인 실수를 저지르고 말았다. 즉 그는 청군과의 전투를 피하고 외교협상을 통해 문제를 해결하기 위해 휘하 군대에 발포하지 말라는 명령을 내린 것이다. 그러나 협상에는 관심이 없던 좌종당은 군대에 진격명령을 내렸고, 무슬림군은 적의 공격과 발포 금지명령 사이에서 갈팡질팡하다가 무너져 내리고 말았다.

이런 상황에서 야꿉 벡의 급작스런 죽음은 결정적인 타격이었다. 그의 죽음에 대해서는 독살이니 자살이니하는 분분한 추측이 있기는 하지만, 아마 사태가 예상대로 진행되지 않자 초조해지면서 급성 뇌일혈로 사망한 것으로 보인다. 그의 죽음으로 무슬림 진영은 완전히 와해되어 버렸고, 청군은 변변한 전투도 하지 않은 채 그대로 행군하면서 신강을 모두 장악했다.

사이라미의 유산

1864년의 무슬림 반란과 야꿉 벡 정권은 사실 나의 박사논문 주제이기도 하다. 여태까지 이 문제에 대한 연구가 없었던 것은 아니지만 주로 중국이나 서방측 기록을 많이 이용한 것들이라서 나는 위구르인들의 입장에서 써 보고 싶었다. 그러기 위해서는 무엇보다도 당시 반란에 참여했던 사람들이 남긴 글을 읽는 것이 필요했고, 그래서 나는 위구르어를 배우기로 작정했다.

그러나 내가 유학하고 있던 미국의 대학에서도 19세기 신강에서 사용되던 위구르어를 가르칠 만한 전문가가 없어서 천상 나는 독학할 수밖에 없었다. 그래서 텍스트로 고른 것이 사이라미(1836~1917)라는 사람이 쓴 『안녕사』(安寧史)였다. 그는 빈란이 터진 1864년 쿠차 근처의 사이람이라는 곳에서 학생들을 가르치고 있었는데, 반란이 터지자 학생들을 이끌고 반란군에 가담했고 그 공으로 후일 이슬람 정권에서 관리를 역임하기도 했다. 그러나 그것이 허망하게 무너지는 것을 목도한 그는 무슬림들이 수행한 그 '성전'과 야꿉 벡 정권의 역사를 저술하기로 마음먹었고, 병마와 가난에 시달리면서 자신이 직접 목도한 위구르 민족의 고난에 찬 역사를 기록한 『안녕사』를 완성한 것은 1903년의 일이었다.

그러나 위구르어를 독학하겠다고 덤벼든 내게 이 책은 불행한 선택이었다. 왜냐하면 이 책에는 오늘날 위구르인들이 사용하지 않는 어려운 아랍어나 페르시아어 단어들로 가득 차 있기 때문이다. 지금 위구르인 대학생들도 이 책을 읽기 힘들어 해 현대 위구르어로 '번역본'이 출간되었을 정도이다. 어쨌든 나는 러시아에서 1904년에 출판된 320페이지 분량의 인쇄본을 읽기 시작했다. 각종 사전들을 옆에 쌓아 놓고 고통스럽게 한 문장씩 씨름하면서 읽기를 거의 반 년. 그렇게 해서 한 차례 완독을 끝냈다. 그리고 나니 두번째로 읽을 때는 훨씬 편안하게 느껴졌고 논문을 위해 초역(抄譯)도 하기 시작했다. 그러는 사이 나는 사이라미의 글이 풍기는 고전적인 품격도 조금은 느낄 수 있었고, 동족 위구르인에 대한 연민과 사랑이 깊이 스며 있는 그의 글에 빠져들게 되었다.

1984년 여름, 나는 자료수집을 위해 여행을 떠났다. 무슬림 반란에 관한 필사본들 상당수가 유럽 각국에 흩어져 있기 때문이다. 그런데 영국과 프랑스를 거쳐 스웨덴에 간 나는 놀라운 자료를 발견했다. 스웨덴 남단에 있는 조그만 도시 룬드(Lund)에는 야링(Jarring) 박사의 개인 컬렉션이 있었는데, 거기서 『안녕사』의 수정본인 『하미드사』를 찾아 낸 것이다. 그 때까지 학계에 전혀 알려지지 않았던 필사본이었다. 나는 야링 박사의 친절한 허락을 받아 복사했고 박사논문에서 그

것을 활용할 수 있었다. 이 『하미드사』의 또 다른 사본이 북경 사회과학원에 소장되어 있다는 것을 안 것은 그 뒤의 일이었다. 스웨덴에 있던 사본은 사이라미의 원본을 다른 사람이 필사한 것이지만, 북경에 있는 것은 사이라미 자신의 친필 사본이라는 것이다.

그런데 이 사본에는 각별한 사연이 얽혀 있다. 평소 사이라미의 글을 읽으면서 가슴이 뭉클해지는 것을 느낀 적이 한두 번이 아니었던 나는 그의 친필 사본을 꼭 보고 싶었다. 언젠가 중국을 방문한 길에 아는 사람을 통해 그 사본의 마이크로필름을 구할 수 있는지 물어 보았는데, 놀랍게도 그 사본은 현재 사회과학원에 없고 어떤 부인이 갖고 있다는 것이 아닌가.

그 부인은 『하미드사』를 현대 위구르어로 번역하여 출판한 바이투르라는 사람의 미망인이었다. 바이투르는 키르기즈족 출신의 탁월한 학자였고 이미 몇 편의 글을 통해 나도 익히 알고 있던 사람이었다. 그런데 그가 터키에 교환교수로 가 있던 1991년 1월 앙카라에서 불의의 죽임을 당하고 만 것이다. 소문으로 듣기에는 술에 취한 상태에서 계단에서 실족사한 것이라지만, 그가 피살되었을지도 모른다는 의혹을 갖는 사람도 있다고 한다.

어쨌든 남편의 갑작스런 사망소식을 접한 부인이 망연해진 것은 당연한 이치이다. 그녀는 남편의 사인(死因)이 분명히 밝혀지기를 원했지만 그게 어디 쉬운 일이겠는가. 아마 바이투르가 사망할 당시 『하미드사』의 필사본은 연구를 위해 그가 보관하고 있었던 모양인데, 부인은 그것을 남편의 유품으로 간주하고 순순히 내놓지 않으려 한다는 것이다. 국가의 소유물인 그 사본을 남편의 유품이라며 못 주겠다는 논리를 나로서는 이해하기 힘들지만 그 심정도 이해가 아주 안 되는 바는 아니다. 이런 사정을 들은 나는 결국 그 사본을 보겠다는 희망을 포기하고 말았다. 지금 나는 그 사본이 제발 무사하게 보존되어 언젠가는 내가 볼 수 있게 되기를 바랄 뿐이다.

파헤쳐진 무덤

야꿉 벡 정권은 그렇게 허망하게 무너졌지만 그것은 지금까지 위구르인들에게 독립의 상징처럼 여겨지고 있다. 그래서 그를 '야꿉 한', 즉 야꿉 칸이라고 부른다. 그러나 그들은 그의 역사적 성취를 공개적으로 기리는 것은 물론 심지어 그의 이름을 거론하는 것조차 꺼린다. 당국에서 그런 것을 좋아할 리가 없기 때문이다. 신강의 학자들은 한인이건 위구르인이건 불문하고 모두 책이나 논문을 통해 그의 '반민중적·봉건적' 성향을 지적하고 비판하는 데 열을 올린다.

내가 아팍 호자의 성묘를 방문했을 때 한 번은 이런 일이 있었다. 성묘 안에 안치된 봉토 앞에 씌어진 매장자들의 이름을 한참 적고 있는데, 같이 갔던 위구르인 친구가 슬며시 내 팔을 잡아 끌었다. 그가 이끄는 대로 성묘를 나와 뒷문으로 나가니 거기에는 상당히 넓은 공터에 묘지들이 빽빽히 들어차 있었다. 무슬림들은 성자가 묻혀 있는 곳 가까이에 묻히면 자기도 그 축복을 받아 천국에 갈 수 있다고 믿기 때문에, 성묘 근처에는 이런 공동묘지가 흔하게 보인다. 묘지는 큰 것과 작은 것 등 규모도 다양했지만 모양도 많이 달랐다. 대개는 윗부분이 뾰족하면서 보통 관 모양으로 길쭉한 형태였지만, 어떤 것은 복숭아 밑을 잘라 엎어 놓은 것처럼 돔 모양도 있었다. 앞의 것은 개인 무덤이고 뒤의 것은 가족을 함께 매장한 것이라고 한다.

그런데 그가 손으로 무덤 하나를 가리키는데 다른 것들에 비해 비교적 커 보였다. 무엇이냐고 물었더니 그것이 바로 야꿉 벡의 무덤이라고 대답했다. 가까이 가서 보니 한쪽 귀퉁이가 허물어져 있고 안에는 아무것도 없었다. 청군이 신강을 다시 정복한 뒤 아팍 호자의 성묘 옆에 묻힌 그의 무덤을 파헤쳐 시체를 다시 불태웠다는 글을 읽은 생각이 났다. 그러나 그 무덤에는 아무런 표지도 없었기 때문에 과연 그의 무덤인지는 확신할 수 없었다. 그에게 어떻게 야꿉 벡의 것인지 아느냐고 물었더니, 옛날부터 이 곳 사람들이 그렇게 말해 왔다고 한다. 1930년 이 곳을 방문했던 야링 박사의 회고록에도 야꿉 벡의 묘지에 관한 언급이 나온다. 그런데 당시 현지 주민들이 그에게 알려 준 묘지는 다른 사람들의 묘지보다 결코 크지 않았고 더 초라한 모습이었다. 야링 자신은 그것이 진짜 야꿉 벡의 묘지인지에 대해 확신을 보류했고, 내가 본 묘지도 진짜라는 증거는 없는 셈이었다.

한때 '축복받은 사람'이라는 뜻으로 '바다울라트'(Badaulat)라는 별칭으로도 불리며 한 시대를 풍미했던 그는 청군을 앞에 두고 판단을 잘못하여 스스로 묘혈을 파고 만 것이다. 역사에서 '만일'을 생각한다

아팍 호자의 성묘 뒤쪽에 있는 여러 무덤 가운데 하나. 현지의 위구르인들은 이것이 야꿉 벡의 무덤이라고 생각한다. 청군은 그의 무덤을 파헤친 뒤 시신을 불태웠다고 한다.

는 것은 무의미하다고 하지만, 만일 그가 청군과의 대결에서 승리했다면 지금 신강에 있는 위구르인들의 운명은 분명 달라졌을 것이다. 이제는 그의 무덤마저 사람들의 기억에서 희미해져 어디에 있는지도 모르는 처지가 되어 버렸다. 어찌 보면 그의 무덤이 위구르인들의 좌절된 독립에의 희구를 상징적으로 말하는 것 같기도 했다. 나는 착잡한 마음으로 파헤쳐진 무덤을 사진기에 담은 뒤 그 곳에서 발길을 돌렸다.

갈라진 운명

야꿉 벡 정권의 붕괴로 위구르인들은 또다시 청나라의 지배 아래 들어가게 되었다. 청은 10여 년 간 그 곳을 상실했던 뼈아픈 경험을 새기며 현지 위구르인 관리를 통해 간접적으로 지배하던 방식을 청산하고 직접적인 지배 방식을 채택하였다. 그러는 사이 20세기를 맞이하였고 청 제국도 무너지고 말았다.

20세기 전반은 청을 대신해서 이 곳의 주인이 된 한족의 지배 아래서 위구르인들이 '민족'이라는 의식을 갖게 된 시기였다. 뜻있는 위구르인들은 근대적 교육을 통해 자신들의 미래를 짊어지고 갈 젊은 지식인들을 양성하기 위해 학교를 세웠다. 또한 적지 않은 사람들이 터키나 러시아에 다녀와 자신들이 처한 상황을 통감하기 시작했다. 이러한 민족주의의 물결 속에서 그들은 몇 차례 무장봉기를 시도하기도 했지만, 이제 시대는 더 이상 종교인들이 주도적인 역할을 하도록 허용하지 않았다.

중국 본토에서 국공내전이 한창 진행 중이던 1944년에 일리 지역에서 반란이 터졌고, 위구르인들을 비롯하여 신강에 살던 소수민족들이 독자적인 임시정부를 수립했으며, 그 이름을 '동투르키스탄 공화국'이라 불렀다. '신강'이라는 말이 청나라에 의해 지어진 것이기 때문에 '동쪽의 투르크인들의 땅'을 의미하는 동투르키스탄이라는 말을 쓴 것이다. 그러나 내지에서 공산당의 우세가 확실해지면서 '공화국'의 정치적 장래를 둘러싸고 내부에서 서로 다른 입장이 첨예하게 대립하기 시작했다. 일부는 독립국가 수립을 원했지만 다른 사람들은 그것이 현실적으로 불가능하므로 중공측과 손을 잡기를 희망했기 때문이다. 결국 1949년 임시정부의 주석이었던 부르한 샤히디(Burhan Shahidi)는 중공과의 연합을 선언했고, 당시 부주석이던 이시 유숩 알프테킨(Isa

Yusuf Alptekin)을 비롯하여 반대했던 사람들은 더 이상 신강에 남을 수 없게 되었다. 그들은 그 길로 카쉬미르로 간 뒤 거기서 터키로의 망명길에 올랐고, 지금도 이스탄불에는 그 때 고향을 떠나온 사람들이 살고 있다.

1984년 이스탄불에 들렀을 때 나는 이사 알프테킨을 만날 기회가 있었다. 1901년에 출생했으니 이미 83세의 고령이었지만, 해외 위구르인들의 지도자답게 목소리에는 힘이 있었다. 내 이름을 묻기에 대답해 주었더니 한자로는 어떻게 되느냐고 되물었다.

'김'(金)이라는 글자를 보여 주고는 중국어로 '진'이라고 발음하자, 그는 그 말이 이슬람에서 사람이 아닌 '정령'(精靈: jinn)을 의미한다면서 껄껄 웃었다. 이어 내가 야꿉 벡에 관해서 박사논문을 준비 중이라고 하자 그는 내 손을 꼭 잡으면서, 완성하면 반드시 자기에게 보내 달라고 부탁했다. 터키어로 번역해서 다른 위구르인들이 볼 수 있게 하고 싶다는 것이었다. 그로부터 2년 뒤 나는 논문을 완성했지만 그에게 보내지 못했다. 그 까닭은 논문을 수정한 뒤에 출판하고 싶었기 때문이었다.

그는 1995년 이스탄불에서 94세의 나이로 사망했다. 1949년 당시 임시정부의 주석으로 중공과의 연합을 선언했던 부르한 샤히디는 그보다 5년 이른 1990년에 세상을 떠났다. 그 역시 96세의 장수를 누렸다. 한 사람은 이스탄불에서 망명생활을 하며 위구르 민족의 독립을 위해 애썼고, 또 한 사람은 중국의 일부가 된 신강에서 최고위 직책을 역임하면서 역시 동족들을 위해 노력했다. 두 사람 모두 타계하기 수년 전에 회고록을 출간한 것 역시 기이한 일치라고 할 수 있다.

나는 이 두 사람 중 누가 옳고 그른지, 혹은 누가 정의이고 불의인지를 말할 수 없다. 그것은 위구르인도 아닌 내가 그것도 50년이 지난 지금에 와서 책상머리에 앉아 몇몇 자료를 들추어 본 뒤 이러니 저러니 평가를 내린다는 것이 너무나 참람한 일이라고 생각하기 때문이다. 두 사람 모두 1949년 당시 자신의 판단을 옳다고 믿었을 것이고 죽는 그 순간까지 그러했을 것이다. 그러나 그들의 생각이나 확신보다 더 중요한 것은 위구르 민족이 지난 반세기 동안 겪은 일, 또 앞으로 헤쳐 가야 할 미래일 것이다.

위구르인들의 시련은 끝나지 않은 것 같다. 왜냐하면 언젠가 분명히 목소리를 높여 다시 독립을 요구할 때가 오겠지만 그 전도가 그리 밝아 보이지 않기 때문이다. 그것은 오늘날 신강의 인구 구성에서도 예견할 수 있다. 1985년 인구조사 결과 신강의 총인구는 1360만 명 정도인데, 이 가운데 위구르족이 630만 명이고 한족이 535만 명에 이른다. 나머지 200만 명은 다른 소수민족들이 점하고 있다. 아직 위구르족의 인구가 한인보다 많기는 하지만 1944년 통계와 비교해 보면 얼마나 커다란 변화가 있었는지 알 수 있다. 1944년 총인구는 400만 명이었고, 이 중 위구르족이 75%로 태반을 차지했고 한족은 5%에 불과했다. 즉 20만 명이던 한족이 40년 만에 535만 명으로 늘어난 것이다.

물론 한족 인구의 이러한 증가는 인구의 자연증식에 의한 것이 아니었다. 1950년 인민해방군이 신강으로 들어온 뒤 그 군대와 가족들이 이 곳에 남았고, 또 그 후 내지로부터의 이주정책으로 계속 한족이 유입되었기 때문이다. 비록 한족에게는 한 가정에 한 아이만 낳도록 되어 있고 위구르인들에게는 두 아이까지 허용되었지만, 중국 본토에서 인구가 계속 유입될 경우 머지않은 장래에 한족의 숫자가 더 많아질 가능성이 높다. 위구르인들이 중국이라는 체제 안에 머무는 것에 만족한다면 모르지만, 그렇지 않을 경우 비극적인 사태는 피하기 어려울지도 모른다. 만약 그런 일이 벌어진다면 누가 그들을 보호할 수 있을까.

지금도 성묘를 찾아가 닭 한 마리를 헌납하고 자식과 손자의 안녕을 위해 기도하는 할머니, 다리를 절면서 도굴 속으로 들어가 성자의 가

위구르 악사들이 전통음악인 무캄(Muqam)을 연주하는 장면 각자 연주에 몰두한 채
갖가지 표정을 짓는 모습이 흥미롭다. 현대 위구르의 대표적 화가
가지 아흐메드(Gazi Ahmed)의 1984년 작품

호를 비는 빈자, 갓난아이를 들쳐 업은 채 주머니에서 꼬깃꼬깃한 1원짜리 지폐를 건네 주고 이맘의 축복을 받고 돌아가는 아주머니. 그러나 이들의 고통을 감싸 주고 위로해 주던 성자들의 시대는 사라져 가고 있다. 이제 저들이 품고 있는 소망마저 무너져 내려 죽음의 벌판에 쓰러진 사랑하는 사람들을 부둥켜안고 통곡하는 일이 온다면 누가 위로의 손을 뻗쳐 줄 것인가. 한때는 고운 색으로 반짝이는 타일로 덮여 있던 성묘, 그러나 이제 아무도 돌보는 사람 없이 허물어져 가는 성묘를 뒤로 하고 돌아가는 그들의 모습은 지금도 내 눈에 필름의 잔영처럼 어른거린다.

글을 마치며

글을 다 마치고 나니 후련하다는 마음보다는 부끄러운 생각이 더 앞선다. 송충이는 솔잎을 먹고 살아야 한다고 그냥 논문이나 쓰고 있을 것이지 공연히 어쭙잖은 넋두리를 늘어놓은 것 같다. 그러나 한편으로는 이런 형식이 아니면 여러 사람들에게 이 민족들의 절실한 이야기를 들려 주기 어려울 것 같아 작정하고 쓴 것이니 매가 돌아오면 달게 맞을 생각이다. 가능하면 평이하게 쓰려고 꼭 필요한 것이 아니면 복잡한 지명이나 인명은 빼 버렸지만 그래도 쉽게 읽히지 않을 것 같아 아쉽다. 조금은 질긴 고기가 뒷맛이 있다는 생각으로 독자들의 이해를 구하고 싶다.

이 글에서 내가 중국 소수민족들의 처지를 너무 '비극화'시켜 놓은 것이 아닌가 하는 두려움도 있다. 사실 그들에게도 영광의 순간들이 있었고 야만의 광기를 드러낸 때도 있었다. 어느 사람 어느 민족에게도 언제나 비통한 과거만 있는 것은 아니다. 세계를 휩쓸었던 몽골인들의 정복전쟁, 영웅담으로 가득한 티베트인들의 민간문학, 위구르인들의 가무 속에 배어나는 낙천성. 그러나 내륙 지방을 돌아다니면서 내가 본 오늘날 그들의 모습, 그들의 손에 의해 남겨진 글들에 나타난 지난 세월, 그리고 앞으로 그들이 걸어가야 할 미래에서 나는 기쁨보다는 슬픔을 더 많이 느꼈다.

반대로 한족이라고 반드시 약한 민족을 억누르고 놀라게 하는 강자의 역할만 했던 것은 아니다. 중국의 역사가 웅변으로 말해 주듯이 그들도 지난 2000년의 거의 반은 이들 소수민족의 지배 아래 신음했다.

그렇지 않을 때일지라도 이들과의 전쟁으로 얼마나 많은 사람들이 희생되었는가. 두보(杜甫)의 「병거행」(兵車行)과 같은 시에는 변방에 주둔하거나 원정군을 따라나서는 한족 병사들의 절절한 심정이 잘 묘사되어 있다. 지금도 신강의 사막 끝에서 가혹한 환경과 싸우며 살아가는 '건설병단'(建設兵團)에 속한 사람들, 5000m가 넘는 티베트 고원의 국경 지대에 파견되어 주둔하는 병사들이 있다. 중국이라는 거대한 국가는 소수민족뿐만 아니라 수많은 한인들의 피와 땀 위에 세워지고 유지되는 것이기도 하다. 이 점을 나 자신이나 독자 여러분이 잊지 않았으면 한다.

돌이켜 생각하면 너무나 부끄러운 글이기는 하지만 그래도 이나마 쓸 수 있게 된 것은 그 동안 이런저런 형태로 도움을 준 분들이 있기 때문이다. 그 분들께 감사드리고 싶다. 먼저 언제나 격려를 아끼지 않는 같은 학과의 선생님들과 중앙아시아 학회의 회원 여러분께 고마움을 드리며, 어려울 때 현지답사를 할 수 있도록 도와 준 김용현 선배, 신강에서 모래바람을 뒤집어쓰고 천산을 넘으며 고락을 같이했던 권영필 교수와 민병훈 학예연구관, 지난 여름 고산병을 앓으면서도 대화의 귀중한 벗이 되어 준 작가 김영종 씨, 모두에게 머리 숙여 감사드린다. 그리고 무엇보다 조용히 뒤에서 나를 지켜보며 언제나 커다란 힘이 되어 주었고, 이 글의 초고를 누구보다 먼저 읽고 기뻐한 사랑하는 아내에게 깊은 고마움을 전한다.

황하에서 천산까지

1999년 2월 5일 1판 1쇄
2020년 6월 15일 1판 13쇄

지은이 | 김호동

편집 관리 | 이진·이창연
디자인 | 홍수진
제작 | 박흥기
마케팅 | 이병규·양현범·이장열
홍보 | 조민희·강효원

출력 | 블루엔
인쇄 | 천일문화사
제책 | J&D바인텍

펴낸이 | 강맑실
펴낸곳 | (주)사계절출판사
등록 | 제 406-2003-034호
주소 | (우)10881 경기도 파주시 회동길 252
전화 | 031) 955-8588, 8558
전송 | 마케팅부 031) 955-8595 편집부 031) 955-8596
홈페이지 | www.sakyejul.net 전자우편 | skj@sakyejul.com
블로그 | skjmail.blog.me
페이스북 | www.facebook.com/sakyejul
트위터 | twitter.com/sakyejul

사계절출판사는 성장의 의미를 생각합니다.
사계절출판사는 독자 여러분의 의견에 늘 귀기울이고 있습니다.

ISBN 978-89-7196-885-7 33920